STARK

INTERPRETATIONSHILFE ENGLISCH

David Lodge
Changing Places
von Klaus Schaefer

STARK

Bildnachweis:
Titelbild: © zefa visual media
S. 3: © Random House

Dieser Band wurde nach den Regeln der neuen Rechtschreibung abgefasst.

ISBN: 3-89449-434-4

© 1999 by Stark Verlagsgesellschaft mbH
D-85318 Freising · Postfach 1852 · Tel. (08161) 1790
Nachdruck verboten!

Inhalt

Vorwort

Einführung 1

Biografischer Hintergrund 3

Inhaltsangabe 5

Textanalyse und Interpretation 25
1 Hauptpersonen, Personenkonstellation 25
2 Zentrale Motive 35
3 Struktur des Romans, Erzähltechnik 47
4 Sprache 61
5 Interpretation ausgewählter Stellen 64

Literaturhinweise 79

Anmerkungen 81

Autor: Klaus Schaefer

Vorwort

Liebe Schülerin, lieber Schüler,

mit dieser Interpretationshilfe zu David Lodges *Changing Places* können Sie sich gezielt auf die Lektüre im Unterricht oder auf eine Klassenarbeit zu diesem Roman vorbereiten.

Im ersten Abschnitt erhalten Sie Hintergrundinformationen zu **Werk und Biografie** des Autors. Die ausführliche, nach Kapiteln gegliederte **Inhaltsangabe** gibt Ihnen dann einen Überblick über die Handlung. Im Hauptteil des Buches werden zentrale Aspekte des Romans untersucht und interpretiert. Die **Textanalyse und Interpretation** stellt in der Personenkonstellation die Romanfiguren vor, untersucht die zentralen Motive, mit denen sich Lodge in *Changing Places* befasst, erklärt die komplexe Struktur und Erzähltechnik des Romans und analysiert seine sprachliche Gestaltung. Mit der Interpretation ausgewählter Stellen wird exemplarisch gezeigt, wie man bei der Analyse und Deutung von Textstellen vorgehen kann. Abschließend erhalten Sie weiterführende **Literaturhinweise,** die sowohl über geeignete Sekundärliteratur informieren, als auch zur Lektüre von weiteren Büchern Lodges anregen.

K. Schaefer
Klaus Schaefer

Einführung

Romane haben den weitaus größten Anteil am Lesestoff jedes Menschen – wenn wir von nichtkünstlerischen Druckerzeugnissen wie Zeitungen, Zeitschriften oder Sachbüchern einmal absehen.

Wer liest – und zwar aus Freude am Lesen, nicht der Notwendigkeit gehorchend – der greift zum Roman, und nicht oder nur sehr selten zum Drama, zum Gedicht oder zur Kurzgeschichte. Dieses Interesse ist sehr verständlich, denn im Roman spiegelt sich die gesellschaftliche Wirklichkeit und das Verhältnis des Menschen zu Zeit und Umwelt am stärksten. Hier findet der Leser sich selbst, kann sich identifizieren, fühlt sich unmittelbar angesprochen.

Was spricht für die Lektüre von *Changing Places* im Englischunterricht?

Darauf gibt es mehrere überzeugende Antworten:
- David Lodge ist einer der bedeutendsten und erfolgreichsten Schriftsteller der englischen Gegenwartsliteratur.
- *Changing Places* ist in hervorragendem, modernem Englisch geschrieben und hat insofern sprachlichen Vorbildcharakter. Obwohl durchaus anspruchsvoll in Wortwahl und Satzbau, erschließt sich das Buch dem heutigen Leser doch wesentlich leichter als z. B. ein Roman von Dickens oder Thackeray.
- Da der Roman sowohl in England als auch in Amerika spielt und immer wieder „typisch amerikanische" und „typisch englische" Eigenheiten in amüsant übertreibender Weise aufgespießt werden, vermittelt die Lektüre eine ganze Menge landeskundliches Hintergrundwissen.
- *Changing Places* ist ein spritziger, witziger, geistvoller Roman; es macht einfach Spaß, ihn zu lesen!

- Und, „last but not least": *Changing Places* ist – wenn der Vergleich mit Gegenständen des täglichen Gebrauchs erlaubt ist – keine Massenware, kein billiges Wegwerfprodukt, das nach einmaligem Gebrauch seinen Reiz und seinen Wert verloren hat[1]. Es ist ein Buch, das man mehrmals lesen kann, weil sein Reiz nicht nur in oberflächlicher Spannung liegt, sondern auch in der handwerklichen Meisterschaft[2], mit der es gestaltet ist: im raffinierten Geflecht der Motive, in der funkelnden Beherrschung der Sprache.

Biografischer Hintergrund

David Lodge wurde 1935 in London als Kind einer bürgerlichen, finanziell nicht besonders gut situierten Familie geboren und besuchte ein Gymnasium. Als Jugendlicher verbrachte er einige Zeit in Deutschland; Spuren davon sind in seinem Roman *Out of the Shelter* zu finden. Er studierte am University College, London. Erfahrungen, die er während seiner Militärdienstzeit machte, gingen in den Roman *Ginger, You're Barmy* ein. Von 1960 an unterrichtete er an der Universität Birmingham, wo er zuvor promoviert hatte.

In den Jahren 1964–65 verbrachte Lodge zum ersten Mal eine längere Zeit als Gastdozent an mehreren amerikanischen Universitäten: Er hatte ein Stipendium bekommen, das ihn ausdrücklich verpflichtete, mindestens drei Monate in den USA herumzureisen.

Im Januar 1969 ging er für sechs Monate als Gastprofessor an die University of California in Berkeley.[3] Erfahrungen aus dieser Zeit – z. B. die Studentenunruhen – spiegeln sich in seinem Roman *Changing Places* wieder.[4]

Ab 1976 hatte Lodge einen Lehrstuhl für Neue Englische Literatur an der Universität von Birmingham, den er 1987 aufgab, um sich ganz seiner schriftstellerischen Tätigkeit zu widmen.

Außer vielen erfolgreichen Romanen (u. a.: *The British Museum is Falling Down*, 1965; *Changing Places*, 1975; *How Far Can You Go?*, 1980; *Small World*, 1984; *Nice Work*, 1988; *Paradise News*, 1991; *Therapy*, 1995) schrieb Lodge das Theaterstück *The Writing Game* (1990) und eine Reihe von Büchern zu Literaturwissenschaft und Literaturkritik, z. B. *The Novelist at the Crossroads* (1971), *The Art of Fiction* (1992, eine – ursprünglich in der Zeitung *The Independent on Sunday* erschienene – Sammlung von Aufsätzen über bekannte Romane) und *The Practice of Writing* (1996). Seine literarischen Vorbilder waren James Joyce, Evelyn Waugh und Graham Greene; mit Greene war er jahrelang befreundet.

Seine Werke wurden in über zwanzig Sprachen übersetzt; sie hatten – dies ist im Bereich der Literatur eher ungewöhnlich – nicht nur kommerziellen Erfolg, sondern fanden auch Anerkennung bei der anspruchsvollen Kritik. Mehrere seiner Romane – darunter auch *Changing Places* – wurden mit wichtigen Literaturpreisen ausgezeichnet.

In den letzten Jahren hat David Lodge sich stark für die Dramatisierung und Verfilmung von Literatur interessiert, vor allem auch für die besonderen Möglichkeiten des Fernsehens. Er schrieb das Drehbuch für die äußerst erfolgreiche Fernsehverfilmung des Romans *Martin Chuzzlewit* von Charles Dickens und betreute die Fernsehproduktionen seiner eigenen Romane *Small World* und *Nice Work* sowie seiner Komödie *The Writing Game*.

Lodge lebt als freier Schriftsteller in Birmingham und ist viel unterwegs, u. a. auf Vortragsreisen und Konferenzen in Europa und anderen Teilen der Welt.

Inhaltsangabe

Der Roman gliedert sich in sechs Kapitel unterschiedlicher Länge. Die Erzählung springt ständig zwischen den beiden Hauptfiguren Philip Swallow und Morris Zapp bzw. zwischen den Handlungsorten Rummidge (England) und Euphoria (USA) hin und her. Damit sich der Romantext leichter verfolgen lässt, passt sich die Inhaltsangabe, soweit es ohne zu große Zersplitterung möglich ist, diesem Wechsel an. Seitenangaben beziehen sich auf die Penguin-Ausgabe.

Kapitel 1: Flying, p. 7–54
Am 1. Januar 1969 fliegen hoch über dem Nordpol zwei Professoren der englischen Literaturwissenschaft aneinander vorbei, ohne es zu wissen. Sie kennen sich dem Namen nach, aber noch nicht persönlich. Beide sind 40 Jahre alt und wollen für sechs Monate die Stellen tauschen. Morris Zapp, der Amerikaner, fliegt nach Rummidge, einer englischen Industriestadt, während Philip Swallow, der Engländer, ins sonnige Kalifornien fliegt, hier „Euphoria" genannt. Philip Swallow hat wenig Flugerfahrung und ist dementsprechend nervös; Morris Zapp ist eher gelangweilt. Aber auch er ist nicht ganz gelassen, da dies sein erster Flug über den Atlantik ist. Auf der tastenden Suche nach der Schwimmweste, die sich unter dem Sitz befinden soll, fasst er aus Versehen ans Bein seiner Sitznachbarin und kommt mit der jungen Dame ins Gespräch. In einem Einschub erläutert der Erzähler jedoch zunächst den Hintergrund des Stellentausches, gibt einen Einblick in den Unterschied zwischen dem amerikanischen und dem englischen akademischen Ausbildungssystem und berichtet über den wissenschaftlichen Werdegang der beiden Professoren, besonders Philip Swallows.

Der Austausch zwischen der State University of Euphoria und der Universität von Rummidge hatte mit einer zufälligen architektonischen Gemeinsamkeit begonnen: beide Universitäten weisen auf ihrem Campus eine Nachbildung des schiefen Turms von Pisa auf.

Morris Zapp, brillant und überaus erfolgreich, hat bereits fünf bemerkenswerte Bücher geschrieben. Philip Swallow hingegen hat trotz seiner Intelligenz, seiner Gewissenhaftigkeit und seiner Liebe zur Literatur keine nennenswerten Veröffentlichungen zustandegebracht. Er hat eine zwar gesicherte, aber nur mäßig bezahlte Stelle und wenig Aussicht auf Beförderung. Es fehlt ihm an Ehrgeiz, und er verfügt nicht über den „Killer-Instinkt", den Zapp hat.

Nach Abschluss seines Studiums bekam Philip ein Stipendium, das ihm ermöglichte, einige Monate in Harvard (USA) zu verbringen. Er ließ seine Freundin Hilary Broome nachkommen, heiratete sie in Amerika und verbrachte dort einen schönen Sommer mit ihr – zum Teil auch in Euphoria, wohin er jetzt, nach etlichen Jahren, wieder fliegen darf. Als er damals mit Hilary nach England zurückkehrte, war sie im vierten Monat schwanger. Drei Jahre später bekamen sie ihr zweites Kind, ein weiteres folgte.

Jetzt sitzt Philip ohne Frau und Kinder im Flugzeug und ist glücklich darüber, sechs Monate lang der häuslichen Routine zu entkommen. Sein Gewissen beruhigt er damit, dass sein Vorgesetzter, Gordon Masters, ihm diesen Austausch mehr oder weniger aufgedrängt hat. Hilary, seine Frau, ermunterte ihn, allein zu fahren, denn für die ganze Familie wäre ein solches Unternehmen aus finanziellen und anderen praktischen Gründen kaum möglich gewesen. Was Philip allerdings nicht weiß, ist, dass Gordon Masters ihn nur deshalb aus dem Wege haben will, weil er dann einen anderen, jüngeren Kollegen vorzeitig befördern kann. Obwohl Philip Hilary gern hat und es keine besonderen Spannungen zwischen ihnen gibt, ist er sich ziemlich sicher, dass er seine Frau und Kinder ein halbes Jahr lang gut entbehren kann.

Da Sex bei weitem nicht mehr die gleiche Rolle wie früher spielt und die Ehe der beiden zur Routine geworden ist, sitzt er jetzt voller Vorfreude im Flugzeug.

Morris Zapp, in der anderen Boeing, hat gerade eine befremdliche Entdeckung gemacht: alle anderen Passagiere sind Frauen! Frauen, die – wie er von seiner Nachbarin erfährt – diesen Charterflug gebucht haben, um in England eine Abtreibung vornehmen zu lassen. (In Euphoria war es praktisch unmöglich, eine legale Abtreibung zu bekommen.) Zapp ist schockiert und die Vorstellung, mit 155 todgeweihten Embryos im Flugzeug zu sitzen, beunruhigt ihn. Seine Angst vor einem möglichen Absturz vergrößert sich, als ihm der Gedanke kommt, dass Gott – an den er eigentlich nicht glaubt – ein Exempel statuieren und die Boeing abstürzen lassen könnte. Noch schockierter ist er, als er von seiner Nachbarin erfährt, dass der Vater ihres Babys ein katholischer Priester ist.

Auch Philip ist inzwischen in ein Gespräch verwickelt. Der auffällig gekleidete junge Mann mit schulterlangen Haaren, der unermüdlich auf ihn einredet, ist Charles Boon, einer seiner ehemaligen Studenten, den er als eitlen, egoistischen und eher unsympathischen Typ in Erinnerung hat, der nach Abschluss seines Studiums zahlreiche Empfehlungsschreiben für die verschiedensten Stellen von ihm erwartete. Jetzt, so stellt sich heraus, studiert er ausgerechnet in Euphoria.

Morris Zapp, der sich immer noch mit der Studentin Mary Makepeace unterhält, gibt zu, noch niemals in England gewesen zu sein, obwohl er englische Literatur unterrichtet. Als Mary fragt, warum er gerade jetzt nach England reist, und warum ausgerechnet nach Rummidge, reagiert Morris ausweichend auf ihre Frage. ("It's a long story") – aber zumindest der Leser erfährt, in einem längeren Rückblick, die Hintergründe (S. 39–48): Die Ehe der Zapps steckt in einer tiefen Krise. Désirée Zapp fühlt sich unterdrückt und wünscht die Scheidung, während Morris die Ehe – hauptsächlich ihrer beiden Kinder wegen – weiterführen möchte. Denn er hat beim Scheitern seiner ersten Ehe, aus der er eine Tochter hat, schmerzlich erfahren müssen, wie weh es ihm tun würde, die Kinder nur noch gelegentlich sehen zu dürfen. Zu einem Aufschub der Scheidung konnte er seine Frau aber nur überreden, indem er sich bereit erklärte, auszuziehen. In diesem Zusammenhang ließ er sich für ein halbes Jahr nach Rummidge schicken, für ein Austauschprogramm, das zwar für einen Akademiker seines Formates weder geographisch noch finanziell noch im Hinblick auf seine Karriere ein lohnendes Angebot darstellte, aber so kurzfristig die einzige Möglichkeit für ihn war. Mittlerweile überlegt Morris jedoch, dass diese Veränderung, die ihm praktisch aufgezwungen wurde, auch ihr Gutes haben kann, denn nicht nur seine Ehe ist gefährdet, auch beruflich kommt er nicht mehr recht von der Stelle. Er hat eigentlich alles erreicht, was es für ihn zu erreichen gibt und hat das Bedürfnis nach neuen Herausforderungen und Abwechslung. Ob er die allerdings ausgerechnet in Rummidge erwarten darf, erscheint ihm fraglich, und so sitzt er missmutig im Flugzeug.

Philip Swallow sehnt inzwischen das Ende des Fluges herbei, denn Charles Boon hat seit Stunden auf ihn eingeredet und ihm alles Mögliche über das Universitätsleben in Euphoria berichtet. Philip vermutet, dass Boon immer noch der alte Lügner und Aufschneider ist – besonders als dieser ihm von einem Radioprogramm erzählt, das er angeblich leitet. Kurz vor der Landung verabschiedet Boon sich endlich – und geht zurück zu seinem Platz in der ersten Klasse. Philip ist verblüfft.

Der Flug geht zu Ende und beide Professoren sind ihren eigenen (recht unterschiedlichen) Gedanken überlassen. Sechstausend Meilen voneinander entfernt, setzen die beiden Boeings im gleichen Augenblick zur Landung an.

Kapitel 2: Settling, p. 55–118

Philip mietet eine Wohnung in der oberen Hälfte eines Hauses im Pythagoras Drive. Die Miete ist erfreulich niedrig. Das liegt daran, dass das Haus in einer „slide area" steht, einer erdrutschbedrohten Zone – aber das erfährt Philip erst, als er den Mietvertrag bereits unterzeichnet hat. Er hört es von Melanie Byrd, einer hübschen, sympathischen Studentin, die mit zwei anderen jungen Frauen die Wohnung im Erdgeschoss bewohnt.

Wenn Philip morgens die Vorhänge seines Wohnzimmerfensters aufzieht, hat er einen herrlichen Blick auf die Hügel von Plotinus, auf die weißen Universitätsgebäude und auf die in der Morgensonne glitzernde Bucht.

Morris Zapp hingegen hat, wenn er aus dem Fenster seines Zimmers in Rummidge schaut, eine wesentlich weniger bezaubernde Aussicht: auf Wäscheleinen im Hinterhof, verrottende Schuppen, schmutzige Dächer und Fabrikschornsteine. Aber er ist schon froh, dass er überhaupt ein heizbares Zimmer gefunden hat. Dieses Zimmer befindet sich im Dachgeschoss eines alten Hauses, das von Dr. O'Shea, einem irisch-katholischen Arzt, und seiner großen Familie bewohnt wird.

Philip Swallow möchte seinen künftigen Arbeitsplatz kennenlernen, darf aber Dealer Hall – das Gebäude, in dem das Seminar für anglistische Literatur untergebracht ist – wegen einer Bombendrohung zunächst nicht betreten. Tatsächlich hört er, als er gerade wieder weggehen will, eine gedämpfte Explosion. (Wie man später erfährt, war in der Herrentoilette eines der oberen Stockwerke eine kleine Bombe explodiert, hatte aber niemanden verletzt.) Er hat einen ersten Vorgeschmack von dem bekommen, was in den kommenden Monaten seine Arbeit begleiten wird: Studentenunruhen und militante Auseinandersetzungen innerhalb und außerhalb des Universitätsgeländes.

Morris Zapp inspiziert seine neue Wirkungsstätte erst, als er nach ein paar Tagen in der Wärme seines Zimmers allmählich aufgetaut ist und sich in das unfreundliche englische Winterwetter hinaustraut.

Bei seinem ersten Besuch im Englischen Seminar der Universität Rummidge macht er einen schlechten Eindruck und verschreckt die Sekretärin, weil er angesichts der primitiven Aushänge am schwarzen Brett einen Lachanfall bekommt und weil er unverständlicherweise davon ausgeht, dass die anderen Mitglieder des Lehrkörpers eigentlich anwesend sein müssten, obwohl noch ein paar Tage Ferien sind, und dass es jemanden geben müsse, der ihm sagen kann, wann, wo und wen er unterrichten müsse.

Die Sekretärin schließt ihm Philip Swallows Zimmer auf, das ihm für sechs Monate zur Verfügung steht. Der erste Eindruck ist erfreulich: das Zimmer ist warm, groß und gut möbliert. In der Schreibtischschublade findet er einen Brief, den Philip Swallow für ihn hinterlassen hat – mit verblüffend detaillierten Informationen über die Studenten und Studentinnen, die er unterrichten soll. Als er die Untersuchung der Schreibtisch- und Schrankfächer fortsetzt und zu heftig an der Schiebetür eines Oberschrankes rüttelt, fallen ihm 157 leere Tabaksdosen auf den Kopf.

Philip Swallow findet, nachdem eine kompetente junge Sekretärin – offenbar unbeeindruckt von der Bombenexplosion – ihm Dutzende von auszufüllenden Formularen sowie die Schlüssel zu Morris Zapps Zimmer übergeben hat, bereits einen Besucher vor seiner Tür vor, einen Studenten namens Wily Smith, der ihn um Aufnahme in „Englisch 305" bittet – einen Kurs für angehende Romanschriftsteller. (Vor seiner Ankunft hatten Luke Hogan, der Leiter des Seminars für Anglistik, und Morris Zapp beratschlagt, wie Swallow – der offenbar kein Spezialgebiet hatte und noch nicht einmal den Doktortitel besaß – eingesetzt werden könnte. Sie hatten beschlossen, ihm Seminare zu geben, in denen er nicht viel falsch machen konnte: „Englisch 99", eine allgemeine Einführung in die Literaturwissenschaft, und den Romanschreiberkurs.) Erschreckt versucht Philip, der über keinerlei schriftstellerische Erfahrung oder Begabung verfügt, in einem Telefongespräch mit Luke Hogan das Problem seiner Unterrichtsverpflichtungen anzusprechen. Das gelingt ihm nicht; dafür wird er zu einer Party bei den Hogans eingeladen. Wily Smith zeigt ihm eine Broschüre, in der die einzelnen Professoren und ihre Lehrangebote von den Studenten bewertet werden. Daraus erfährt er einiges über seine künftigen Kollegen – nicht nur über ihre Spezialgebiete, sondern auch über ihre Beliebtheit (oder Unbeliebtheit) bei den Studenten. Als ihm klar wird, dass jene Broschüre von Wily Smith selbst herausgegeben wird, findet Philip sich damit ab, dass der junge Mann zu ihm in den Romankurs kommen wird.

Morris Zapp wundert sich, dass im Seminar tagelang niemand von ihm Notiz nimmt. Er vermisst menschlichen Kontakt und tröstet sich damit, dass er viel Radio hört, sich einen Farbfernseher mietet und Dr. O'Shea, der sich derlei Luxus nicht leisten kann, erlaubt, regelmäßig bei ihm fernzusehen.

Philip Swallow stellt fest, dass Studenten und Kollegen sich ausgerechnet wegen seiner Bekanntschaft mit Charles Boon für ihn interessieren. Er gewöhnt sich an, regelmäßig die Charles-Boon-Show zu hören, ein kontroverses Radioprogramm, bei dem Hörer aller Gesellschaftsschichten zu nächtlicher Stunde den Sender anrufen, um ihre oft extremen Meinungen zu brisanten und gewagten Themen kundzutun.

Auf der Party bei den Hogans lernt Philip die meisten seiner künftigen Kollegen kennen und auch eine ziemlich angetrunkene junge Frau, die sich als Désirée Morris, die Frau seines Austauschpartners, herausstellt. Philip unterhält sich mit ihr auf der Terrasse und Désirée äußert sich recht kritisch über ihren Mann. Philip ist befremdet über ihre drastischen Bemerkungen und hat insgesamt einen eher negativen Eindruck von ihr. Als er schließlich von der Terrasse wieder ins Haus geht, findet er nur noch eine Putzfrau vor: die Gäste (auch Désirée Zapp) und sogar die Gastgeber haben das Haus verlassen, und Philip geht zu Fuß nach Haus.

Morris Zapp bekommt überraschend Besuch in seinem Dienstzimmer – von Hilary Swallow, die im Bücherregal ihres Mannes vergebens nach einem Buch mit dem Titel *Let's Write a Novel* sucht, das sie Philip nach Euphoria schicken soll. Auch diese Erstbegegnung ist nicht gerade ein überwältigender Erfolg. Morris empfindet Hilary als konventionell und verklemmt, und sie ist von seiner direkten Art etwas unangenehm berührt. Kurz nachdem sie gegangen ist, findet Morris das gesuchte Buch und blättert amüsiert darin herum. Es ist ein naiver Ratgeber für Möchtegern-Schriftsteller, 1927 erschienen, in einer Reihe mit *Let's Go Fishing* and *Let's Have Fun With Photography*. Es klopft erneut an Morris' Zimmertür, und diesmal ist es Professor Gordon Masters, der Leiter der anglistischen Fakultät, der gerade von der Wildschweinjagd aus Ungarn zurückgekehrt ist. Masters heißt Morris Zapp offiziell willkommen und fortan wird er von allen anderen umringt und in Gespräche einbezogen. Am gleichen Abend lernt Morris ein ihm bisher nicht bekanntes Mitglied der O'Shea-Familie kennen: den schlampigen, aber nicht unattraktiven Teenager Bernadette, der er erlaubt bei ihm fernzusehen. Morris lässt sie sogar in seinem Zimmer allein, während er Dr. O'Shea, dessen Auto nicht anspringt, zu einer leidenden Patientin fährt.

Philip, der seinen Hausschlüssel nicht bei sich hat, wird von Melanie Byrd ins Haus gelassen. Die Mädchen haben Gäste und laden Philip freundlich ein, an der Party teilzunehmen – einer Party, die bald für ihn recht ungewohnte Formen annimmt, mit Haschisch, Rotwein, Selbsterfahrungsspielen und Körperkontaktübungen. Eine Orgie scheint sich anzubahnen, aber ihn verlässt der Mut und er steigt die Treppe hinauf. Melanie folgt ihm jedoch und bittet ihn, sie mit in seine Wohnung zu nehmen, weil sie weiß, dass einer der männlichen Gäste vor kurzem noch geschlechtskrank war und sie kein Risiko eingehen möchte. Obwohl die beiden zunächst in getrennten Betten liegen, geschieht schließlich doch das Unvermeidliche: Melanie, die eigentlich gar keinen Sex gewollt hatte, ist von Philips nervöser Erregung angerührt und hebt mit freundlicher Aufforderung den Zipfel ihrer Bettdecke für ihn hoch. Hinterher hat Philip quälende Schuldgefühle.

Gewissensbisse hat auch Morris Zapp. Er hört nämlich, wie O'Shea Bernadette züchtigt, weil er sie dabei erwischt hat, wie sie im *Playboy* las und sich dabei selbst befriedigte. Morris hatte ihr den *Playboy* geliehen, als er sie bei seiner Rückkehr darin blättern sah und O'Shea macht ihm nun heftige Vorwürfe. Zapp beschwichtigt ihn und ist standhaft genug, etwas später ein eindeutiges Angebot Bernadettes abzulehnen. Er kann es sich nicht leisten, für ein kleines Abenteuer dieser Art ein heizbares möbliertes Zimmer aufs Spiel zu setzen!

Philip ist verkatert und verunsichert. Er nimmt sich vor, ein klärendes Gespräch mit Melanie zu führen, das vielleicht – so hofft er trotz seines schlechten Gewissens – zu einer Fortsetzung der Beziehung führen kann. Aber sie ist nicht in ihrer Wohnung. An seinem nächsten freien Tag fährt er, um sich abzulenken, mit dem Bus nach Esseph und geht dort, zum ersten Mal in seinem Leben, in eine Striptease-Bar.

Ähnliches tut zur gleichen Zeit auch Morris Zapp. Er hat sich einen Abstecher nach London gegönnt, ist im Hilton abgestiegen und hat den Luxus des Hotels ausgiebig genossen. Er bummelt am South Strand herum und betritt neugierig eine Nacktbar.

Was die beiden Männer nun erleben, ist allerdings sehr unterschiedlich.

Morris Zapp ist der einzige Gast in dem eiskalten Lokal, und die einsame Stripperin, die nach längerer Wartezeit schließlich die Bühne betritt, ist ausgerechnet Mary Makepeace. Beide sind sehr überrascht. Mary weigert sich, für Morris zu strippen, und wird daraufhin auf der Stelle von dem Nachtklubbesitzer entlassen. Morris lädt sie zu einem Drink ins Hilton ein, und sie berichtet ihm, dass sie sich gegen die Abtreibung entschieden hat. Sie will ihr Kind in England zur Welt bringen und ist jetzt darauf angewiesen, Geld zu verdienen.

Philip hingegen ist angenehm überrascht. Was er zu sehen bekommt, ist überhaupt nicht schmuddelig, sondern aesthetisch erfreulich: reizvolle junge Mädchen, die sogar intelligent aussehen, tanzen nackt vor ihm herum und haben anscheinend Spaß an der Musik, an der Bewegung und an ihrer eigenen Schönheit. Angeregt verlässt Philip nach zwei Stunden und mehreren Gin Tonics die Bar und läuft direkt in Melanie hinein. Sie reagiert mit abwehrender Zurückhaltung auf seine überschwängliche Wiedersehensfreude und macht deutlich, dass das, was auf seiner

Couch geschehen war, für sie keineswegs so viel bedeutet hat wie für ihn. Sie versucht, von ihm loszukommen, mit dem Hinweis, dass sie jetzt keine Zeit hat, weil sie gerade einem Bekannten helfen möchte, ein Zimmer zu finden. In einem verzweifelten Versuch, sie zu halten, bietet Philip ihr an, den Bekannten für ein paar Tage bei sich aufzunehmen. Ein voreiliges Angebot, wie sich herausstellt: denn der „Bekannte" ist Charles Boon!

Kapitel 3: Corresponding, p. 119–152

Dieses Kapitel besteht aus Briefen, die die vier Hauptfiguren – Philip und Hilary, Morris und Désirée – einander schreiben. Inhaltlich wird vieles aufgegriffen, was der Leser schon in den ersten beiden Kapiteln durch den Erzähler erfahren hat. (Auf den Wechsel der Erzählperspektive und seine Bedeutung wird an anderer Stelle dieses Buches eingegangen.) Um ausufernde Detailwiedergabe zu vermeiden und das Geschehen übersichtlich darzustellen, beschränkt sich die Inhaltsangabe auf neu hinzukommende Ereignisse; auch wird nicht jeder einzelne Brief getrennt beschrieben, sondern die Entwicklung bestimmter Handlungselemente übergreifend zusammengefasst.

Hilary wundert sich, dass Philip ihr per Interflora teure rote Rosen geschickt hat (sie kann noch nicht wissen, dass er wegen des Erlebnisses mit Melanie ein schlechtes Gewissen hatte).

Sie erzählt, dass Morris – der das Buch *Let's Write a Novel* gefunden hatte – sie besucht hat und offenbar in der Hoffnung auf eine anständige hausgemachte Mahlzeit so lange geblieben ist, bis sie ihn notgedrungen zum Abendessen einladen musste. Er beeindruckte die Kinder durch seine witzige Unterhaltung und sein Wissen über Popmusik und machte keinerlei Anstalten zum Gehen, verabschiedete sich dann aber plötzlich abrupt und in schlechter Stimmung, ohne dass sie wusste, warum. (Morris hatte, als er das Badezimmer der Swallows benutzte, dort ein Buch mit handschriftlichen Anmerkungen gefunden, die ihn zu dem irrigen Schluss kommen ließen, Philip Swallow sei der Verfasser eines vor vier Jahren erschienenen gehässigen, gegen ihn gerichteten Artikels in der Fachzeitschrift *Times Literary Supplement* gewesen.)

Von Janet Dempsey, der Frau eines ehrgeizigen jungen Kollegen Philips, erfährt Hilary, dass Robin Dempsey gute Aussichten hat, bald befördert zu werden.

Hilary geht auf Morris' Bitte ein, die schwangere Mary Makepeace bei sich wohnen zu lassen und Hilary und Mary freunden sich an.

Désirée macht deutlich, dass sie an ihrer Absicht festhält, sich von Morris scheiden zu lassen, auch wenn er – zum ersten Mal in ihrer Ehe – nette, witzige Briefe schreibt. Sie berichtet von einer Einladung bei den Gootblatts, bei der Philip unwillentlich dazu beigetragen hat, dass der unsympathische Streber Howard Ringbaum sich so blamierte, dass seine Anstellung als Dozent nicht verlängert wird. Ringbaum glaubt, Philip habe ihn absichtlich unmöglich gemacht.

Hilary bekommt einen anonymen Brief, in dem ihr mitgeteilt wird, ihr Mann habe ein Verhältnis mit Morris Zapps Tochter. Als sie Philip um Aufklärung bittet, erklärt er zunächst guten Gewissens den Vorwurf für lächerlich: Morris' Tochter sei erst neun Jahre alt. Als er jedoch erfährt, dass Melanie die Tochter Zapps aus erster Ehe ist, ist er entsetzt und schreibt Hilary einen langen Entschuldigungsbrief, in dem er auch erwähnt, dass Melanie inzwischen ein Verhältnis mit Charles Boon hat.

Morris hat ebenfalls einen anonymen Brief bekommen, mit der gleichen Information über Philip und Melanie. Er bittet Désirée, nachzuforschen, da er Philip mittlerweile alles erdenkliche Böse zutraut. Erst habe er – durch den Verriss in der *Times Literary Supplement* – seine wissenschaftliche Karriere gefährdet, und nun habe er auch noch seine Tochter verführt.

Hilary lässt sich Zeit mit ihrer Antwort auf Philips Entschuldigungsbrief. Sie ist nicht bereit, auf seinen Vorschlag einzugehen und über Ostern zu einem kurzen Besuch nach Euphoria zu fliegen, das sei viel zu teuer. Stattdessen hat sie sich einen langgehegten Wunsch erfüllt und Zentralheizung in ihr Haus einbauen lassen. Von Mary Makepeace hat sie interessante Dinge über „Women's Liberation" gehört. Außerdem gibt es jetzt auch an der Universität in Rummidge erste Probleme mit aufsässigen Studenten.

Désirée macht Morris deutlich, dass sie seine plötzlich gezeigte väterliche Sorge um Melanie sowohl für unbegründet als auch für heuchlerisch hält.

Auch sie hat mittlerweile einen anonymen Brief bekommen (von der eifersüchtigen abgewiesenen Bernadette, wie später klar wird), in dem behauptet wird, Morris habe ein Verhältnis mit Mary Makepeace.

Morris streitet das ab und berichtet die Geschichte seiner Bekanntschaft mit Mary. Désirée glaubt ihm, macht aber deutlich, dass sie ihm nach wie vor äußerst kritisch gegenübersteht. Sie hat sich der „Women's Lib"-Bewegung angeschlossen und ist fasziniert davon, wie gut diese Frauen Männer wie Morris durchschaut haben.

Kapitel 4: Reading, p. 153–166

Das kleine Kapitel *Reading* (in der deutschen Übersetzung nicht ungeschickt mit „Verlautbarungen" überschrieben) besteht aus einer Zusammenstellung von Kleinanzeigen, Leserbriefen, Aufrufen, Flugblättern, Verlautbarungen der Universität und kurzen Zeitungsartikeln – aus Euphoria und auch aus Rummidge. Der thematische Rahmen spannt sich von sehr privaten Kontaktwünschen (in den Kleinanzeigen) bis hin zu öffentlichen Ereignissen von politischer Brisanz. Dabei wird oft das gleiche Ereignis aus völlig verschiedenen Perspektiven gesehen, je nachdem ob ein linksradikales Untergrundblatt, eine bürgerlich-konservative Tageszeitung oder die offizielle Stellungnahme einer Behörde zitiert wird.

Das gewichtigste Thema bildet die Eskalation der Studentenunruhen. In Euphoria kommt es zu sehr ernsthaften, bürgerkriegsähnlichen Auseinandersetzungen, während es in Rummidge noch vergleichsweise harmlos zugeht. In Euphoria wollen die Rebellen einen „People's Garden" auf einem Universitätsgrundstück einrichten und sollen zunächst nur von der Polizei, später sogar von Militäreinheiten daran gehindert werden. In Rummidge möchten die Studenten durch die Besetzung von Universitätsräumen mehr Mitspracherechte erzwingen.

Abgesehen von diesen politischen Ereignissen geschieht jedoch – auf beiden Seiten des Atlantik – auch einiges auf privater Ebene, zum Teil als Folge der politischen Ereignisse, zum Teil unabhängig davon, und die Geschicke der Hauptfiguren werden beträchtlich davon beeinflusst.

Während eines wolkenbruchartigen Gewitters rutscht das Haus weg, in dem Philip gewohnt hat (es stand, wie wir wissen, in einer *slide area*) und ist nicht mehr bewohnbar. (Philip wird von Désirée Zapp in ihrem Hause aufgenommen – aber das erfahren wir erst im nächsten Kapitel.)

Philip wird kurzfristig verhaftet, weil er ein paar (von Studenten für den „People's Garden" gestohlene) Backsteine in seinem Auto hat.

In Rummidge regt sich Professor Gordon Masters so über die Studentenunruhen auf, dass er den Verstand verliert und vorzeitig pensioniert wird.

Morris Zapp wird als Unterhändler bei den Verhandlungen mit den Studenten eingesetzt.

Ein dicker Block aus grünem Eis – wie die Untersuchung ergibt, handelt es sich um gefrorenen Urin aus einer Flugzeugtoilette – durchschlägt das Dach des Hauses von Dr. O'Shea und macht Morris Zapps Zimmer vorübergehend unbewohnbar. (Wo er daraufhin aufgenommen wird, nämlich bei Hilary Swallow, erfahren wir im nächsten Kapitel)

Kapitel 5: Changing, p. 167–236
Philip Swallow und Désirée haben inzwischen ein Verhältnis miteinander und unterhalten sich im Bett liegend miteinander. Wie es dazu kam, dass die beiden trotz anfänglicher Abneigung nun doch eine Affäre haben, erfährt der Leser jedoch erst nach

und nach – in einer Serie von geschickt in die Gegenwartshandlung eingefügten Rückblenden. Philip steht als Erster auf, duscht, macht das Frühstück für die Zwillinge Elizabeth und Darcy, liest den Zeitungsbericht über die Auseinandersetzungen zwischen den Studenten und der Polizei und bringt Désirées Frühstück ins Schlafzimmer hinauf. Er denkt darüber nach, was er wohl am Abend in der Charles-Boon-Show sagen könnte (er ist als Gast eingeladen), und bespricht mit Désirée das Programm des Tages. Am Vormittag soll er an einer Mahnwache auf den Treppenstufen von Dealer Hall teilnehmen; die Kollegen des Fachbereichs wollen gegen das Eindringen des Militärs in den Universitätsbereich protestieren. Désirée möchte wissen, ob Philip Hilary die veränderte Situation schon mitgeteilt hat. Das hat er nicht, denn obwohl der Austausch in einem Monat zu Ende gehen wird, hat er keine Ahnung, wie es weitergehen soll.

Im Kopf entwirft er Briefe an Hilary und verwirft sie gleich wieder.

Mit dem Verrutschen des Hauses im Pythagoras Drive hatte alles angefangen. Désirée hatte ihn und die verängstigten drei Mädchen aus dem unteren Stockwerk mitgenommen und provisorisch bei sich untergebracht. Carol und Deirdre waren bald wieder ausgezogen, Melanie hatte sich mit Charles Boon zusammen eine neue Wohnung gesucht, Philip war geblieben. Eine Art Routine des kameradschaftlich-platonischen Zusammenlebens hatte sich eingespielt, und Désirée drängte ihn nicht, sich um eine neue Wohnung zu bemühen, denn Philip macht sich im Hause nützlich, und die Kinder mochten ihn. –

In seinem Postfach in Dealer Hall findet Philip ein schon vor Monaten abgeschicktes Päckchen von Hilary mit dem von Seewasser beschädigten Buch *Let's Write a Novel*. Als er es aufschlägt, liest er zufällig (bzw. natürlich *nicht* zufällig: zur Interpretation dieser Stelle vgl. u. a. S. 39, 49, 74 f. des vorliegenden Buches!) ein paar Sätze über „flashbacks"...

Die Mahnwache findet statt, ohne dass es zu Auseinandersetzungen mit der Polizei kommt. Philip denkt daran, wie es zu seiner Verhaftung wegen der Backsteine kam, und wie er in einer Zelle mit zwei Verbrechern zusammengesperrt wurde, bis Désirée ihn gegen Lösegeld herausholte. Désirée war beeindruckt von seinem politischen Engagement und als die beiden in ihrem Haus ankamen, schliefen sie miteinander.

Nach der Mahnwache sitzt Philip in einem Straßencafé und entwirft – im Kopf – einen neuen Brief an Hilary, aus dem deutlich wird, wie sehr er sich verändert hat und dass das Leben nicht einfach so weitergehen kann wie vorher.

In derselben Nacht ist er als Gastsprecher bei der Charles-Boon-Show. Er äußert kluge Gedanken über verschiedene Themen, unterhält sich mit Anrufern und ist mit sich selbst zufrieden – bis ein Anruf kommt, mit dem er nicht gerechnet hat: ein Ferngespräch von Hilary. Sie hat keine Ahnung, dass die Nummer, die ihr Désirée gegeben hat, sie mit der Charles-Boon-Show verbindet, und erst zu spät wird ihr klar, dass ihr Gespräch mit Philip alles andere als ein Privatgespräch ist. Charles Boon, der dieses Missverständnis grinsend genießt, verhindert, dass das Gespräch getrennt wird – und Hilary teilt Philip (und Tausenden von Hörern) mit, sie werde wahrscheinlich ein Verhältnis anfangen, wenn er nicht sofort nach Hause komme. Daraufhin antwortet er, er habe bereits ein Verhältnis.

In Rummidge war Morris Zapp – der seit der Beschädigung des O'Shea'schen Dachgeschosses im Haus der Swallows wohnte – eines Abends mit Hilary ausgegangen, um sie aufzuheitern. Sie war traurig, weil Philip ihren Geburtstag vergessen hatte. Musik, etliche Martinis und ein langer Kuss im Auto hatten Morris hoffen lassen, dass Hilary eine Affäre mit ihm anfangen würde; aber dazu war sie dann doch nicht bereit.

Nach dem Frühstück fährt Morris Mary Makepeace in Rekordzeit zum Bahnhof. Sie möchte in Durham das Grab ihrer Familie besuchen. Morris entgeht nur knapp einem Strafmandat, indem er dem Polizisten vorschwindelt, seine Begleiterin bekäme gleich ihr Baby.

Das Seminar für Anglistik ist seit Ostern in ein neues Gebäude umgezogen, ein achteckiges Hochhaus. Dieses aus Fertigbauteilen erstellte Gebäude hat etliche merkwürdige Eigenheiten; die gefährlichste davon ist, dass die Keramikfliesen der Außenwand mit einem minderwertigen Klebstoff angeklebt worden sind. Als Morris die Treppe zum Eingang hinaufsteigt, fällt gerade eine der Fliesen krachend herunter. Er erschrickt kurz, tröstet sich aber schnell damit, dass er jetzt wieder seinem Hobby nachgehen kann: Paternoster fahren. Diese altmodische Art von Fahrstuhl hatte er zuvor nie kennengelernt: Kabinen, die nie anhalten, sondern in ständiger langsamer Bewegung bleiben. An diesem Morgen fährt er aber direkt zum achten Stock hoch, ohne sich das Vergnügen einer kompletten Rundfahrt zu gönnen. Während seiner Lehrveranstaltung klingelt das Telefon. Es ist Hilary, die sich für ihre abweisende Haltung entschuldigt und andeutet, dass sie sich in der kommenden Nacht entgegenkommender verhalten werde. Morris findet es daraufhin schwer, sein Tutorial mit der angemessenen Konzentration zu Ende zu führen. Aber ihm stehen noch weitere interessante Gespräche bevor. Eines davon ermöglicht es ihm, eine Entscheidung zu beeinflussen, die für Philip Swallow (und damit auch für Hilary) von großer Bedeutung sein wird. Stewart Stroud, der stellvertretende Fakultätsleiter – Gordon Masters ist mittlerweile in einer Irrenanstalt – bittet Morris um Rat, wer als Nächster befördert werden soll: Robin Dempsey, der ehrgeizige junge Linguist, oder Philip Swallow. Morris wägt das Für und Wider ab. Er hat mehrere Gründe, Philip Swallow nicht zu mögen: den Verriss in der *Times Literary Supplement*, die Sache mit Melanie. Andererseits mag er Hilary und die Kinder wirklich gern, und eine Gehaltserhöhung für Philip würde beträchtliche Bedeutung für die Familie haben. Er spricht sich schließlich für Philip aus und freut sich darauf, Hilary eine so erfreuliche Nachricht überbringen zu können.

Das Gespräch mit Stroud wird abrupt durch die Nachricht unterbrochen, dass Gordon Masters aus der Irrenanstalt entkommen ist und sich auf den Weg zur Universität gemacht hat – vermutlich in der Absicht, sich an Morris zu rächen, den er für seine Absetzung verantwortlich macht. Angeblich ist er bewaffnet. Morris hat Angst – schließlich weiß er, dass Gordon Masters ein Meisterschütze ist – und will sich in Sicherheit bringen. Bevor ihm das jedoch gelingt, trifft er plötzlich auf Gordon Masters. Es kommt zu einer dramatischen und (für den Leser) überaus komischen Verfolgungsjagd. Schließlich gelingt es Morris, seinen Widersacher in eine Paternosterkabine zu schubsen und den Sicherheitshebel an der Wand zu betätigen, so dass Masters zwischen zwei Stockwerken gefangen ist.

Als Morris nach Hause kommt und Hilary von seinem erschöpfenden Abenteuer erzählt, hört sie kaum zu; und als er ihr mitteilt, dass Philip aufgrund seiner Fürsprache befördert werden wird, reagiert sie keineswegs mit Dankbarkeit. Morris versteht überhaupt nichts mehr – bis sich herausstellt, warum Hilary so durcheinander ist: sie steht noch unter dem Einfluss jenes schrecklichen Telefongespräches mit Philip. Diesmal aber tut sie, was sie eigentlich schon am Abend zuvor gern getan hätte: sie gibt seinem Drängen nach und schläft mit Morris.

Einige Stunden später erfährt Morris von Stewart Stroud, dass der inzwischen wieder hinter Schloss und Riegel befindliche Gordon Masters weder bewaffnet war noch ihm nach dem Leben trachtete, sondern sich bei ihm entschuldigen wollte – für jenen unfairen Artikel, den er vor Jahren einmal für die *Times Literary Supplement* geschrieben hatte. Außerdem bietet Stroud Morris einen Lehrstuhl in Rummidge an.

Hilary und Morris liegen zusammen in der Badewanne, als das Telefon erneut klingelt. Der Anrufer ist Désirée und die beiden Frauen führen ein offenes Gespräch über ihre jeweiligen Affären. Désirée macht den Vorschlag, dass sie sich zu viert zu einer Art Gipfelkonferenz treffen, um zu besprechen, wie es nun weitergehen soll.

Kapitel 6: Ending, p. 237–251

Dieses letzte Kapitel hat die Form eines Filmdrehbuches. Wir erfahren, was die Kamera gerade zeigt, welche Geräusche zu hören sind, was die handelnden Personen sagen und was sie tun – aber es tritt kein Erzähler mehr auf, der direkten Einblick in ihre Gedanken und Gefühle hat.

Zwei Düsenflugzeuge nähern sich New York. Philip und Désirée sitzen in dem einen, Morris und Hilary in dem anderen. Um ein Haar kommt es zu einem Zusammenstoß der beiden Maschinen.

Die beiden Paare treffen sich in einem Hotelzimmer in Manhattan. Nach dem ersten Kennenlerngespräch ziehen sich die beiden Frauen zusammen in ein Hotelzimmer zum Schlafen zurück, und die Männer in ein anderes: Hilary und Désirée sind nicht bereit, sich hinsichtlich der Zuordnung der Partner zu entscheiden, bevor überhaupt ein klärendes Gespräch stattgefunden hat.

Mitten in der Nacht schlägt Morris, den die Situation ärgert, aber auch sexuell anregt, Philip vor, die Frauen in ihrem Zimmer anzurufen und sie zu bitten, einer für alle Beteiligten reizvolleren Paarung zuzustimmen. Désirée ist empört, dass Morris anscheinend mit beiden möglichen Partnerinnen einverstanden wäre, und legt auf. Hilary jedoch, jetzt hellwach, möchte sich mit Philip aussprechen. Also werden doch die Plätze getauscht. Allerdings machen beide Frauen ihre jeweiligen Männer darauf aufmerksam, dass sie nur reden wollen.

Am nächsten Morgen zeigt die Kamera die beiden schlafenden Paare und es hat den Anschein, als ob doch nicht nur geredet worden ist: in Morris' und Désirées Zimmer sieht es aus wie nach einer Schlacht, aber die beiden Streiter liegen nackt und erschöpft in einem Haufen von Kissen und Bettdecken friedlich zusammen auf dem Fußboden. Beim Frühstück besprechen die Vier halb ernsthaft, halb im Spaß die Möglichkeiten, die sie haben. Da sie zu keiner Lösung kommen, gehen sie stattdessen einkaufen.

Als sie am Nachmittag erschöpft von der New Yorker Hitze zurückkommen, schalten sie den Fernseher ein, weil über den großen Protestmarsch in Plotinus berichtet wird. Gebannt schauen sie zu, wie die vielen Demonstranten an dem eingezäunten „Garten des Volkes" vorbeiziehen. Sie sehen bekannte Gesichter: Melanie, Charles Boon, Wily Smith und viele andere. Der Marsch verläuft friedlich: die Polizisten und die Soldaten halten sich zurück und zeigen zum Teil offen ihre Sympathie für die Demonstranten.

Philip, Morris, Désirée und Hilary kommentieren, was sie sehen. Das Gespräch springt zwischen privaten und allgemeinphilosophischen Gedanken hin und her. Während Philip gerade einige Bemerkungen über den Unterschied zwischen dem Ende eines Romans und dem Ende eines Films macht, endet die Szene: "The camera stops, freezing him in mid-gesture." Niemand weiß, wie es weitergehen wird – weder die vier handelnden Personen noch der Leser!

Textanalyse und Interpretation

1 Hauptpersonen, Personenkonstellation

Philip Swallow

Philip Swallow hatte, aufgrund gründlicher Vorbereitung und weil er tatsächlich eine ausgeprägte Liebe zur Literatur in all ihren Formen besaß, ein sehr gutes Staatsexamen abgelegt. Nach dem Examen hatte seine Energie nachgelassen. Er blieb zwar, auf die Anregung seines Professors hin, an der Universität, bekam ein Stipendium für ein Graduiertenstudium und begann an einer Magisterarbeit über das Jugendwerk Jane Austens zu schreiben, kam damit aber nicht recht voran. Als er sich um ein Forschungsstipendium für Amerika bewarb und gleichzeitig um eine Assistentenstelle an der Universität von Rummidge, wurde ihm zu seiner Überraschung beides gewährt. Man ließ ihn nach Amerika gehen und hielt ihm die Stelle in England so lange frei. Er ließ seine Freundin Hilary nachkommen, heiratete sie und kehrte schließlich mit ihr nach England zurück. Er wurde an der Universität fest angestellt, bekam kein besonders hohes Gehalt und hatte wenig Aussicht auf Beförderung. Veröffentlichungen hatte er kaum vorzuweisen, und seine Begabung zeigte sich noch am ehesten darin, für seine Studenten ausgefeilte Examensfragen zu formulieren.

Er ist zu einem guten, wenn auch nicht überragenden akademischen Lehrer geworden, dem das persönliche Wohlergehen seiner Studenten wichtig ist.

Philip ist ein freundlicher, etwas unsicherer Mensch, der es gern allen recht macht und leicht zu beeinflussen ist. Verlässlich, verantwortungsvoll und moralisch eher konservativ, ist er Hilary bislang immer treu gewesen, und seine Erlebnisse in Euphoria –

die Nacht mit Melanie Byrd und die Affäre mit Désirée Zapp – stürzen ihn in große Verwirrung. Allerdings erlebt er sie auch als Befreiung: er fühlt, wie sehr er sich verändert hat, und weiß am Ende des Romans, dass er keinesfalls wieder in die vertraute, langweilige Routine zurückkehren möchte. Er hat gelernt, das Leben zu genießen und möchte auf diese Erfahrungen nicht mehr verzichten.

Morris Zapp

Morris Zapp war schon als Student so überragend, dass Artikel von ihm in der wissenschaftlichen Zeitschrift *PMLA* erschienen. Seine erste Stelle bekam er an der renommierten Euphoria State University. Er forderte ein Gehalt, das doppelt so hoch war wie das normalerweise gezahlte, und bekam es. Schon im Alter von dreißig Jahren hatte er fünf bemerkenswerte Bücher geschrieben – vier davon über Jane Austen – und war Professor geworden.

Sein Aussehen ist weniger vorteilhaft als das Philip Swallows: er ist untersetzt und erinnert in seiner Gestalt ein wenig an einen Neanderthaler oder einen Gorilla. Seine Manieren sind nicht immer perfekt, aber er verfügt über einen überaus scharfen Verstand. Er kann witzig und humorvoll sein, ist aber auch ein Kämpfer, der sich durchzusetzen weiß. Auf die meisten seiner Literaturwissenschaftler-Kollegen blickt er mit arroganter Geringschätzung herab.

Seine erste Ehe scheiterte, offenbar nicht zuletzt an seiner Untreue; auch seine zweite Ehe – mit Désirée – gerät in eine tiefe Krise, aber nicht nur wegen außerehelicher Techtelmechtel, sondern vor allem wegen seiner egozentrischen Selbstherrlichkeit: Morris verkörpert einen Whisky trinkenden, Zigarren rauchenden Macho, der einer an feministischem Gedankengut interessierten Frau viel Angriffsfläche bietet.

Beruflich ist er insofern an einem toten Punkt angekommen, als er alles erreicht hat, was zu erreichen ist.

Der Aufenthalt in England verändert ihn. Zu seiner eigenen Verblüffung stellt er fest, dass er sich von der englischen Krankheit, nett zu sein, hat anstecken lassen: er beginnt, ganz gegen seine Gewohnheit, anderen Menschen Gefallen zu tun und ihnen großzügig zu helfen. Am Ende des Austauschaufenthaltes hat er – menschlich gesehen – bemerkenswerte Erfolge zu verzeichnen: er ist zu einem geschätzten Kollegen geworden (nicht zuletzt deshalb, weil er durch seine Erfahrung und sein diplomatisches Geschick dazu beigetragen hat, dass die Studentenunruhen in Rummidge kein schlimmes Ausmaß annahmen), und Hilary lässt sich nicht nur deshalb von ihm verführen, weil sie sich einsam fühlt, sondern vor allem auch, weil er gut zu ihr war.

Hilary Swallow
Als Hilary und Philip sich kennenlernten, hatten beide ihr erstes Examen an der Universität abgelegt und arbeiteten an einer Magisterarbeit. Nach der Heirat gab Hilary ihr Studium auf und widmete sich der wachsenden Familie, während Philip seine Universitätskarriere – die man eigentlich kaum als „Karriere" bezeichnen kann – weiter verfolgte.

Gegen Ende des Romans erfahren wir, dass Hilary ihre damals unterbrochenen Forschungen wieder aufnehmen möchte und sich – ohne Wissen Philips – darum beworben hat, an der Universität von Rummidge ihr Postgraduiertenstudium wieder aufnehmen zu dürfen.

In all den Jahren ihrer Ehe ist sie den Kindern eine gute Mutter und Philip eine treue, verlässliche, liebevolle Ehefrau gewesen.

Auf Morris Zapp macht sie anfänglich einen etwas verkrampften, spießbürgerlichen Eindruck. Als er sie besser kennenlernt, schätzt er in ihr zunächst nur die gute Köchin, nicht die anziehende Frau. Ihr Selbstwertgefühl als weibliches Wesen ist nicht allzu ausgeprägt. Selbst als sie Morris' Drängen nachgegeben und mit ihm geschlafen hat, wehrt sie am anderen Morgen seine Komplimente mit dem selbstkritischen Satz "I'm fat and forty" ab.

Im Laufe des Romans ändert Hilary ihr Verhalten – und zwar in einem Maße, das zumindest in ihrer eigenen Sicht beträchtlich ist: sie möchte ohne Wissen ihres Mannes ihr Studium fortsetzen, und sie lässt sich auf eine sexuelle Beziehung mit Morris Zapp ein. Diese Entwicklung wird durch die Freundschaft mit Mary Makepeace erleichtert, durch die sie erste Einblicke in ungewohnte psychologische Theorien und feministisches Denken bekommt, ist aber hauptsächlich als Reaktion auf Philips befremdliche Seitensprünge in Euphoria zu verstehen. Aus einer in die traditionelle Rolle der Ehefrau gedrängten, sexuell gehemmten Frau entwickelt sich Hilary so zu einer selbstbewussten Person, die sich von ihrem Mann emanzipiert und sich nicht länger mit ihrer Rolle als Hausfrau zufrieden geben will.

Désirée Zapp
Désirée Zapp ist eine temperamentvolle, kritische, sehr selbstbewusste Frau, die ein paar Jahre jünger als Hilary, Morris und Philip ist. Von ihrer Vergangenheit erfahren wir nichts – außer dass Morris ihretwegen seine erste Frau verlassen hat. Sie ist nicht besonders hübsch, aber nicht unattraktiv. Sie ist geistig interessiert und belesen, kann bitter und sehr aggressiv sein und ist nicht gerade zurückhaltend in ihrer Ausdrucksweise, besonders wenn sie angetrunken ist.

Sie hat ein starkes Bedürfnis nach Freiheit und Unabhängigkeit. Von Morris fühlt sie sich ausgenutzt und unterdrückt: mit ihm verheiratet zu sein, sei so, als ob man langsam von einer Pythonschlange verschluckt würde. "I'm just a half-digested bulge in your ego", sagt sie zu ihm und besteht darauf, dass eine Scheidung die einzig mögliche Lösung sei. Während Morris in England ist, nimmt sie Karateunterricht, geht zu einer Selbsterfahrungsgruppe und ist fasziniert von der „Women's Lib"-Bewegung.

Als sie – durch Morris' Abwesenheit – mehr Freiheit hat, ist sie nicht mehr so angespannt, und es fällt ihr leichter, ihre guten Seiten zu zeigen. Mit Philip Swallow verlebt sie eine entspannte, schöne Zeit; das Verhältnis der beiden beruht zum einen auf unkomplizierter, unbeschwerter Sinnlichkeit, zum anderen aber auch auf gegenseitigem Respekt, da keiner von beiden den anderen zu vereinnahmen und zu manipulieren versucht. –

Die Nacht im Hotelzimmer in New York – im Kapitel *Ending* – zeigt allerdings, dass Désirée sich von Morris noch nicht so weit gelöst hat, dass sie ihm mit distanzierter Gleichgültigkeit gegenübertreten kann. Es knistert noch zwischen den beiden, und wohin diese Hassliebe letztlich führen wird, bleibt unklar.

Mary Makepeace

Mary Makepeace, die schwangere blonde Studentin mit den übergroßen Brillengläsern, ist Morris Zapps Sitznachbarin im Flugzeug: eine der 155 Frauen, die in England eine Abtreibung vornehmen lassen wollen. Sie erzählt ihm, dass sie am Euphoria College in Esseph, einer katholischen Hochschule, Anthropologie studiert. Der Vater ihres Babys – der davon allerdings nichts weiß – ist katholischer Priester. Später entschließt sie sich, das Kind doch nicht abtreiben zu lassen – nicht aus moralischen Gründen, sondern weil die Atmosphäre der Abtreibungsklinik sie angewidert und verängstigt hat –, und versucht, als Stripteasetänzerin in Soho Geld zu verdienen. Morris veranlasst Hilary, Mary bei sich wohnen zu lassen, und hilft ihr auch finanziell.

Mary erzählt Hilary von der „Women's Lib"-Bewegung in Euphoria und Hilary bleibt nicht unbeeindruckt von Marys Ansichten über die Männer im Allgemeinen und Philip im Besonderen.

Marys Allgemeinbildung lässt zu wünschen übrig – das wird in den Gesprächen mit Morris mehrfach deutlich –, und manchmal wirkt sie ein wenig naiv. Aber hinter der unmoralisch-revolutionären Fassade steckt eine gutartige, hilfsbereite junge Frau, der man das Happy End gerne gönnt, das sich gegen Ende des Romans abzeichnet (der katholische Priester hat sich in den Laienstand zurückversetzen lassen und möchte mit Mary zusammenziehen, und vielleicht wird eine ganz normale bürgerliche Ehe daraus.) Man darf vermuten, dass Marys Familienname – Makepeace – mehr als bloßer Zufall ist.

Melanie Byrd

Melanie ist Morris Zapps Tochter aus erster Ehe. Als Morris seine erste Frau verließ, war sie noch ein Kind. Sie sieht ihren Vater selten, und um nicht von allen Leuten mit ihm in Verbindung gebracht zu werden, hat sie den Mädchennamen ihrer Mutter angenommen.

Als Tochter eines Professors hat sie das Recht, an der Euphoria State University zu studieren, ohne Studiengebühren zahlen zu müssen. Das hat sie ein paar Semester lang ausgenutzt, ist jetzt aber nicht mehr immatrikuliert. Zu Beginn der Handlung gewinnt man den Eindruck, dass sie sich als reizvolle und begehrenswerte Frau einfach treiben lässt und in der alternativen Szene – mit Haschisch, Alkohol und lockeren sexuellen Beziehungen – aufgeht, ohne klare Ziele zu haben. Dass sie sich nach einer Party Philip Swallow hingibt, ist nicht Ausdruck der Verliebtheit, noch nicht einmal der Sinnlichkeit, sondern eine schläfrige Geste freundlicher Großzügigkeit. Melanie erscheint hier als Verkörperung eines „Blumenmädchens" der 60/70er Jahre. Ihre Funktion im Roman besteht u. a. darin, Philip in die alternative Szene zu ziehen und seine weitere Auflockerung und Wandlung vorzubereiten.

Im weiteren Verlauf des Romans beginnt Melanie einen klareren Kurs zu steuern. Sie verliebt sich in Charles Boon, von dessen radikaler Haltung und politischem Mut sie fasziniert ist, und beginnt eine Beziehung mit ihm. Sie sucht sich mit Boon zusammen eine Wohnung. Am Ende des Romans, als im Fernsehen der große Protestmarsch gezeigt wird, ist auch Melanie zu sehen, zusammen mit Charles Boon – und Hilary, die auf diese Weise die Partnerin von Philips erstem Seitensprung zu sehen bekommt, sagt spontan "She's very pretty …".

Dr. O'Shea

Dr. O'Shea, der irische Arzt, in dessen Haus Morris Zapp in Rummidge ein Zimmer mietet, ist eine komische, aber letztlich liebenswerte Figur – trotz mancher Eigenheiten. Einerseits nutzt er Bernadette, das au-pair-Mädchen aus der Familie seiner Frau, als Putzfrau, Kindermädchen und Sprechstundenhilfe aus. Andererseits rackert er sich für seine Patienten ab und ist – wie Morris, der an die ganz andere Einstellung amerikanischer Ärzte gewohnt ist, mit Staunen feststellt – bereit, viele Hausbesuche zu machen.

Einerseits bringt seine naive irisch-katholische Religiosität ihn gelegentlich dazu, finster und engstirnig zu reagieren, besonders wenn es um Fragen der Moral geht. Andererseits reagiert er wie ein staunendes Kind auf die Verlockungen weltlicher Annehmlichkeiten (wie Whisky und Farbfernseher), an denen er dank Morris' Großzügigkeit teilnehmen darf.

Wie einige andere Nebenfiguren des Romans, ist O'Shea vom Autor eher als Karikatur gezeichnet worden, mit wenigen kräftigen Federstrichen, nicht als ein nuancierter, sich entwickelnder Charakter.

Gordon Masters

Professor Gordon Masters, der Inhaber des Lehrstuhls für anglistische Literatur an der Universität von Rummidge, ist schon am Anfang des Romans recht merkwürdig – mit seiner Angewohnheit, den ersten Teil seiner Sätze bis zur Unverständlichkeit zu verschlucken, seinem zugekniffenen Auge und seiner Jagdleidenschaft. Niemand weiß, wie er eigentlich Professor geworden ist: er hat keine Veröffentlichungen aufzuweisen. Man spöttelt, dass er nur deshalb seine Stelle bekommen hat, weil der damalige Vizekanzler der Universität ebenfalls leidenschaftlicher Jäger war und – so das Gerücht – weil Gordon Masters bei einer Moorhuhnjagd den bestqualifizierten Mitbewerber abgeschossen habe.

Am Ende ist Masters völlig geistesgestört. Er muss seines Amtes enthoben und in einer geschlossenen Anstalt untergebracht werden, aus der er ausbricht, um an Morris Zapp blutige Rache zu üben, wie man (völlig zu Unrecht) befürchtet. Die Verfolgungsjagd, bei der Zapp glaubt, Masters wolle ihn erschießen, ist eine der komischsten Szenen des Romans. Erst die Geistesgestörtheit Masters' gibt Morris die Gelegenheit, sein

Führungstalent unter Beweis zu stellen. Das Resultat ist das Angebot an Morris, einen Lehrstuhl in Rummidge zu übernehmen, ein Angebot, das Morris ein Verbleiben in England ermöglichen würde. Master erfüllt somit im Roman nicht nur eine komische Funktion, sondern trägt zu einer der Lösungsmöglichkeiten des Endes bei.

Charles Boon

Als er noch in Rummidge studierte, war Charles Boon nicht der Typ von Student, an dem die Dozenten ihre Freude hatten. Unzuverlässig und respektlos, ungehobelt und egoistisch hatte er an der Universität viel Staub aufgewirbelt. Nach einer Reihe von peinlichen Vorfällen waren alle, die mit ihm zu tun hatten (besonders sein Tutor Philip Swallow), froh, als er endlich sein Examen machte. Philip schrieb ihm eine Reihe von Empfehlungsbriefen (bei denen er allmählich immer stärker von der unerfreulichen Wahrheit abwich, um den lästigen Bittsteller endlich loszuwerden), und auf diese Weise war Boon schließlich zu einem Graduierten-Stipendium an der Euphoria State University gekommen.

Dort allerdings ist er überaus erfolgreich – nicht als Student (zum Studieren hat er gar keine Zeit mehr und er bleibt im Grunde nur immatrikuliert, um einer Einberufung zum Militär zu entgehen), sondern als cleverer Gastgeber einer nächtlichen Radio-Show, bei der er – mit seiner Spürnase für Medienwirksamkeit – eben jene Eigenschaften einsetzen kann, die ihn früher unbeliebt gemacht hatten: seine despektierliche Aggressivität, seine radikalen Ansichten, seinen Verzicht auf bürgerliche Wohlerzogenheit. Boon verkörpert somit den Typus des sensationsgeilen amerikanischen Moderators.

Bei Frauen kommt er im Allgemeinen gut an. (Allerdings findet Désirée Zapp ihn ekelhaft.) Sogar Philip ändert – wenn auch ungern – allmählich seine Einstellung zu Boon und erkennt seine positiven Eigenschaften an. Sein unerschütterliches Selbstvertrauen und seine unbekümmerte Sinnlichkeit bringen auch

Melanie Byrd dazu, sich in ihn zu verlieben. Sie ist zudem beeindruckt von dem Mut und der Risikobereitschaft, die er im Verlaufe der Studentenunruhen zeigt und so kommt es, dass sie sich schließlich mit ihm zusammen eine Wohnung sucht.

Bernadette
Frau O'Shea's Nichte, von einer irischen Farm nach Rummidge importiert (als Mädchen für alles im O'Shea-Haushalt). Schlampiger, sexhungriger Teenager mit rabenschwarzem Haar und Zahnlücken. Sie macht Morris Zapp ein eindeutiges Angebot, wird jedoch abgewiesen und rächt sich, indem sie einen anonymen Brief an Désirée schreibt – in der Annahme, Morris habe Mary Makepeace geschwängert.

Wily Smith
Ein politisch sehr aktiver Student an der Euphoria State University. Er behauptet, ein Schwarzer zu sein, obwohl er kaum eine dunklere Hautfarbe als Philip hat. Er zwingt Philip, ihn in sein Romanschreib-Seminar aufzunehmen, gibt aber nie eine Zeile ab. Während der Unruhen auf dem Universitätsgelände flieht er durch das Fenster von Philips Arbeitszimmer vor der Polizei. Er ist indirekt mitschuldig an Philips Verhaftung, weil er (mit anderen) gestohlenene Backsteine in Philips Auto packt und sich aus dem Staube macht, als die Polizei kommt. Er sprüht bei einer studentischen Protestkundgebung „Welcome to Prague" an eine Schaufensterscheibe, woraufhin er von Polizisten zusammengeschlagen und verhaftet wird.

Karl Kroop
Linksradikaler, bei Studenten beliebter Dozent an der Euphoria State University. Er hinterfragt in seinen Seminaren den Stellenwert der Literatur im Vergleich zu anderen Medien. Er ist in Gefahr, seine Stelle zu verlieren, behält sie am Ende aber doch, weil sein Mitbewerber Howard Ringbaum sich so blamiert, dass er nicht mehr tragbar erscheint.

Luke Hogan
Lehrstuhlinhaber und Leiter des Seminars für englische Literatur an der Euphoria State University. Er ist sehr einflussreich, hat ein großes Haus und gibt großzügige Partys. Auf einer davon lernt Philip Désirée kennen. Ein kompetenter und freundlicher Mann ohne besondere Auffälligkeiten.

Howard Ringbaum
Ehrgeizig-verkrampfter, wenig beliebter Dozent. Philip Swallow trägt, ohne es zu wollen, dazu bei, dass Howard sich bei einem psychologischen Gesellschaftsspiel so, unmöglich macht, dass sein Vertrag nicht verlängert wird. Daraufhin schreibt dieser anonyme Briefe an Morris Zapp und Hilary Swallow (über Philips Affäre mit Melanie Byrd), um sich zu rächen. Mit ätzender Ironie charakterisiert Désirée ihn als gemein und geizig: "the kind of guy who would make a heavy-breathing call collect if he could get away with it." Am Ende bekommt er eine Stelle in Kanada angeboten, und man ist froh, dass man ihn los ist.

Sy Gootblatt
Junger Dozent, der gern allen Leuten zeigt, wie wichtig Sinnlichkeit für ihn ist.

Robin Dempsey
Ehrgeiziger junger Linguist in Rummidge – tüchtig, aber unbeliebt. Um ihn unauffällig vorzeitig befördern zu können, schiebt Gordon Masters Philip Swallow nach Amerika ab. Am Ende bekommt jedoch Philip den besser bezahlten Posten – dank der diskreten Einmischung von Morris Zapp.

D'Arcy und Elizabeth
Morris und Désirée Zapps neunjährige Zwillinge – benannt nach den Hauptfiguren aus Jane Austens Roman *Pride and Prejudice*. Sie sind höflich, aber undurchsichtig. Sie verbringen viel Zeit miteinander (manchmal auch mit „Doktorspielen", wie Désirée

vermutet), und ihr auffälliges Interesse an der Gartenpflege war darin begründet, dass sie in einer abgelegenen Ecke Marihuanapflanzen ziehen wollten.

Amanda, Robert und Matthew
Die Kinder der Swallows. Amanda, die älteste, ist in einer Mittelstufenklasse auf dem Gymnasium. Robert wird im nächsten Jahr die Aufnahmeprüfung machen. Matthew ist der Jüngste. Amanda ist beeindruckt von Morris Zapps Kenntnis der Popszene und freut sich, wenn Morris auf sie eingeht – was Philip, der von Désirée viel Negatives über Morris gehört hat, zu besorgten (aber unbegründeten) brieflichen Warnungen veranlasst.

2 Zentrale Motive

Studentenunruhen
Bei der Darstellung der Studentenunruhen in Rummidge und Plotinus[5] konnte David Lodge auf Ereignisse zurückgreifen, die er selbst miterlebt hatte: die Studentendemonstrationen an der Universität von Birmingham und die Unruhen in Berkeley (Kalifornien). In Birmingham (das im Roman liebevoll karikiert als Rummidge erscheint) wurden im Herbst 1968 die Verwaltungsgebäude von Studenten besetzt, die mehr Mitbestimmung forderten. Diese Aktion verlief relativ friedlich. In Berkeley jedoch führten 1969 der Streik der Dritte-Welt-Studenten sowie die Auseinandersetzung um den Volkspark zu einer massiven Eskalation von Gewalt und Gegengewalt: Bombenanschläge und Protestmärsche, mit Brettern vernagelte Schaufenster, Schlagstöcke und Tränengas, Streikposten, Schrotschüsse, Polizeihubschrauber. Es gab viele Verletzte und sogar ein Todesopfer (S. 161).

In *Changing Places* werden diese Ereignisse jedoch nicht einfach nüchtern berichtet, sondern verdichtet und ausgeschmückt. Zum einen werden Aspekte des politischen Geschehens mit

Motiven aus der privaten Haupthandlung verknüpft. Zum anderen werden die gleichen Fakten durch das Nebeneinanderstellen völlig gegensätzlicher Reaktionen darauf (z. B. in den zitierten Verlautbarungen und Zeitungsartikeln des Kapitels *Reading*) auf z. T. sehr komische Weise hinterfragt und relativiert. Außerdem sorgt der Verfasser durch verschiedenste Kunstgriffe dafür, dass man immer wieder lachen muss. Einige Beispiele mögen dies illustrieren.

In Rummidge verliert Professor Gordon Masters wegen der Aufmüpfigkeit der Studenten allmählich den Verstand. Er vergleicht die Situation mit dem Weltkrieg, betritt sein Arbeitszimmer nur noch in Uniform und stellt Erwägungen an, wie das Tunnelsystem der Heizungsrohre als Zufluchtsort für den Senat der Universität genutzt werden könnte (S. 161).

In Dealer Hall – dem Gebäude der Euphoria State University, in dem Philip arbeiten soll – explodiert gleich an seinem Ankunftstag eine Bombe, so dass er seine neue Wirkungsstätte noch nicht besichtigen kann. Aber niemand scheint diesen Vorfall sonderlich ernst zu nehmen. Später stellt sich heraus, dass die Bombe ausgerechnet auf der Herrentoilette im IV. Stock hochgegangen ist (S. 64). Zum Glück saß, wie Désirée in einem Brief an Morris lakonisch kommentiert, gerade keiner der Professoren auf dem Klo. Morris bekommt daraufhin richtig Heimweh und wünscht sich, dass auch in Rummidge mal ein paar Bomben explodieren (S. 125).

Die Mahnwache der Akademiker auf den Treppenstufen von Dealer Hall wird für den Leser zu einem eher komischen Ereignis, weil er durch die Erinnerungen Philips abgelenkt und in Spannung gehalten wird – jene Erinnerungen, die Sy Gootblatt schließlich veranlassen, Philip zuzuflüstern, "I think you're having an erection and it doesn't look nice at a vigil." (S. 192).

Gelegentlich reicht schon die Wortwahl, um die Beschreibung eines Vorfalls ihrer Ernsthaftigkeit zu entkleiden.

Studentinnen, die für den Volkspark demonstrieren, stellen sich den bewaffneten Truppen mit ihren eigenen, sehr privaten

Waffen entgegen: "...by stripping to the waist and opposing bare breasts to their bayonets, a juxtaposition of **hardware** and **software** that the photographers found irresistible." Nicht die Konfrontation als solche ist hier komisch; der Spaß liegt vielmehr in den Alliterationen und in der Benutzung der Wörter „hardware" und „software" (S. 172).

All das soll nun nicht heißen, dass der Verfasser die Anliegen der Studenten nicht ernst nimmt. Er macht aber durch die Art der Darstellung deutlich, dass es immer zwei Seiten einer Frage gibt, und weigert sich, propagandistisch Partei zu ergreifen. Durch die Ironie, mit der Lodge die Vorfälle beschreibt, veranlasst er den Leser, die Handlung aus der Distanz zu betrachten und hinter die Fassade des politischen Geschehens zu blicken. Die Bewertung der Vorfälle bleibt dem Leser selbst überlassen.

Sexualität, Liebe, Ehe; Feminismus

Wie in vielen anderen Romanen auch, spielen Sexualität und Liebe eine zentrale Rolle in *Changing Places*. Wenn man untersucht, welche Aspekte dieses Themas herausgegriffen und wie sie behandelt werden, muss man sich zunächst daran erinnern, dass die Handlung im Jahre 1969 spielt und dass vieles, was damals als die „sexuelle Revolution" bezeichnet wurde, für junge Menschen von heute größtenteils selbstverständlich ist und zum Alltag (oder doch zumindest zum Fernseh-Alltag) gehört. Philip Swallow hingegen war Mitte der sechziger Jahre erheblich verunsichert worden, als seine seriöse Sonntagszeitung plötzlich Bilder nackter Brüste erzhielt und seine Studentinnen so kurze Röcke trugen, "... that he was able to distinguish them, when their names escaped him, by the colour of their knickers." (S. 26).

Für die jüngere Generation in *Changing Places* (im Gegensatz zu den etwas älteren Hauptfiguren Morris, Philip, Désirée und besonders Hilary) ist Nacktheit, zumindest teilweise und gelegentliche Nacktheit, etwas Selbstverständliches: Mary Makepeace hat ihr erstes Jahr im College damit finanziert, dass sie als „topless dancer" in Bars auftrat (und in London versucht sie, als

Stripteasetänzerin Geld zu verdienen); Carol und Deirdre sind beim vom Fernsehen übertragenen großen Marsch in Plotinus als „topless dancers" zu sehen; Melanie geniert sich nicht im Geringsten vor Philip. Protestierende Studentinnen treten den Bajonetten der Soldaten mit entblößtem Busen entgegen.

Sexuelle Freizügigkeit ist eine Selbstverständlichkeit für die junge Generation; nicht nur in Euphoria, sondern sogar in Rummidge, wie Philip beobachtet.

AIDS ist noch unbekannt, und „Genuss ohne Reue" scheint ein durchaus realistisches Motto zu sein.

Soweit der Hintergrund, vor dem die Haupthandlung abläuft. In den beiden Ehen, in die wir Einblick bekommen, haben Sex und Liebe einen anderen Stellenwert: die Ehe der Swallows ist verstaubt, während die Ehe der Zapps zerrüttet ist.

Der Erzähler beschreibt die graue Langeweile, die sich zwischen Philip und Hilary ausgebreitet hat, die egoistische Selbstherrlichkeit Morris' und die Bitterkeit, die hasserfüllte Aggression Désirées jedoch mit Humor und nimmt so den eigentlich traurigen Tatsachen viel von ihrer Ernsthaftigkeit. Er sorgt dafür, dass wir den Roman mit Vergnügen lesen anstatt mit Empörung, mit Befremden oder auch mit resignierender Identifizierung.

Selbst in jenen Szenen, in denen wir nahe daran sind, mitzuleiden (generell ist das eher der Fall, wenn es um Hilary und/oder Philip geht, als wenn Morris oder Désirée im Vordergrund stehen) wird die Ernsthaftigkeit ein kleines bisschen aufgelöst durch einen komischen Vergleich oder einen anderen Trick des Erzählers. Zwei Beispiele mögen dies verdeutlichen.

In der letzten, endgültigen Fassung des Briefes an Hilary, den Philip in Gedanken entwirft, beschreibt er auf sehr eindringliche, bildhafte Weise ihre Ehe:

> "Our marriage [...] was like a machine which we served, and serviced, with the silent economy of two technicians who have worked together for so long that they [...] never make an error or have a disagreement and are bored out of their minds by the job". (S. 196).

Ein sehr ernster und realistischer Tonfall. Aber dann kommt der kleine Trick: Philip macht deutlich, dass er nicht unbedingt an eine Trennung denkt, dass aber ihr Verhältnis zueinander irgendwie eine andere Grundlage bekommen muss, und fährt fort, "Life, after all, should go forwards, not backwards." Der aufmerksame Leser erkennt das Zitat aus dem unfreiwillig komischen Leitfaden *Let's Write a Novel,* auf das Philip einige Seiten zuvor gestoßen war, und muss lachen.

Als Hilary von Morris hört, dass Philip befördert werden wird, reagiert sie auf diese gute Nachricht in einer Weise, die Morris nicht erwartet hat und die ihm ausgesprochen undankbar erscheint – sie ist nämlich völlig durcheinander und verzweifelt, weil Philip ihr in jenem Telefongespräch bei der Charles-Boon-Show brüsk mitgeteilt hat, dass er ein Verhältnis habe. Hilary bricht in Tränen aus – und bevor der mitleidige Leser nun mitweint, liest er die Beschreibung ihrer Tränen und darf schmunzeln: "Hilary was crying now, great big tears that plopped into her soup like raindrops into a puddle." (S. 229).

In ähnlicher Weise wird auch das Motiv „Feminismus" ein wenig relativiert. Dass Désirée sich der „Women's Lib"-Bewegung[6] zuwendet, weil sie sich von Morris unterdrückt und ihrer Freiheit beraubt fühlt, könnte auch Gegenstand eines ernsten, ja düsteren Romans sein. Dass sie außerdem Karateunterricht nimmt und – im letzten Kapitel – Morris so hart anfasst, dass er sich die schmerzenden Handgelenke reibt, ist schon wieder komisch.

All dies soll nun nicht heißen, dass dem Autor moralische Fragen gleichgültig sind, dass er eheliche Treue für altmodisch hält oder die Frauenbewegung lächerlich findet. Es bedeutet lediglich, dass in diesem Roman der Erzähler nicht moralisieren möchte. Er zeigt beide (oder mehrere) Seiten eines Problems auf vergnügliche Weise und zieht sich zurück. Die Bewertung, die eindeutige Stellungnahme überlässt er dem Leser.

„Landeskunde": Vergleich England – USA

Wenn sich ein Engländer sechs Monate in Kalifornien aufhält und ein Amerikaner ein halbes Jahr in England, fallen ihnen natürlich etliche Unterschiede ins Auge, deren liebevolle Beschreibung in *Changing Places* breiten Raum einnimmt.

Bevor man jedoch solche Stellen des Buches gläubig als landeskundliches Informationsmaterial aufnimmt, sollte man den Hinweis beachten, den Lodge dem Roman voranstellt:
"... Rummidge and Euphoria are places on the map of a comic world which resembles the one we are standing on without corresponding exactly to it ..."

Abgesehen davon spielt die Handlung im Jahre 1969 – und seitdem hat sich auf beiden Seiten des Ozeans vieles geändert. (Wobei der Einfluss Amerikas auf England sicher größer war als umgekehrt.)

Nach diesen einschränkenden Vorbemerkungen seien aber doch ein paar Dinge angeführt, die den Leser – besonders jenen Leser, der schon beide Länder bereist hat – erheitern (und ihm helfen, liebgewordene Vorurteile zu bestätigen!).

An erster Stelle muss natürlich das **Wetter** erwähnt werden. Dass in Kalifornien die Sonne scheint und in England der Himmel von grauen Wolken bedeckt ist, weiß man ja, und deshalb kann Morris Zapp es zunächst gar nicht glauben, dass es n i c h t regnet, als seine Boeing landet: "It can't be England if it's not raining." (S. 52). (Nachdem man das gelesen hat, ahnt man, was nun kommt: Als Philip Swallows Maschine landet, peitscht Regen gegen die Scheiben!)

Mit dem **Wohnen** ist es auch so eine Sache. Philip mietet sich in Plotinus in einem Hause ein, das in einer erdrutschgefährdeten Zone liegt. Morris hat in Rummidge große Schwierigkeiten, eine Untekunft zu finden, in der sich eine seinen Bedürfnissen entsprechende Raumtemperatur erzielen lässt (geschmacklose Tapeten und die Aussicht auf hässliche Hinterhöfe sind Faktoren, die er beim Kampf ums Überleben erst in zweiter Linie berücksichtigen kann). Auch für Hilary Swallow war eine zentralgeheizte Wohnung jahrelang ein unerfüllbarer Wunschtraum, und sie lässt erst dann auf Ratenzahlung eine Heizung installieren, als Philips Untreue ihr gewissermaßen das moralische Recht verleiht, sich auf diese Weise Wärme zu verschaffen.

Das achteckige neue Gebäude, in das die anglistische Fakultät von Rummidge in den Osterferien umziehen darf, ist in mehrfacher Hinsicht eine Fehlkonstruktion. Im Seminar geht das Gerücht um, dass es umfallen würde, wenn sich alle Bewohner zur gleichen Zeit auf der gleichen Seite aus dem Fenster lehnen, und dass deshalb die Fenster versiegelt sind. Außerdem sind die Fliesen an der Außenwand mit minderwertigem Kleber befestigt und springen ab, so dass die Wand schon nach kurzer Zeit wie ein gigantisches Kreuzworträtsel aussieht.

An vielen Stellen wird typisch englisches **Verhalten** (oder typisch amerikanisches **Verhalten**) gezeigt. Man bleibt cool als richtiger Engländer, man zeigt nach Möglichkeit keine Gefühle, und man darf um Himmels willen nicht übertreiben.

Als am Ende des Romans die beiden Flugzeuge beinahe zusammenstoßen, meldet der englische Flugkapitän nüchtern (Regieanweisung: "c o o l l y into microphone"), "Hello Kennedy Flight Control.... I have to report an air miss." Der Pilot der amerikanischen Maschine bleibt weniger gelassen: "What the fuck do you think you guys are doing down there?" (S. 239).

Als Morris Angst um sein Leben hat (weil er glaubt, dass Gordon Masters ihn erschießen möchte) und laut wird, beschwichtigt ihn der Vizekanzler mit sanfter Stimme: "Why don't you go straight home and stay safely indoors until t h i s l i t t l e p r o b l e m is solved?" (S. 225).

Gordon Masters hat in Wirklichkeit keine Waffe. Insofern ist das Motiv **Gewalt** hier ein blindes Motiv. Gewalt passt nicht zu Rummidge. Wohl aber zu Euphoria – im Zusammenhang mit den Studentenunruhen gibt es blutige Zusammenstöße, viele Verletzte, sogar ein Todesopfer. Die größere Gewaltbereitschaft in der amerikanischen Gesellschaft kommt hier deutlich zum Ausdruck – und man sollte auch nicht vergessen, dass die Hand-

lung des Romans vor dem Hintergrund des schon etliche Jahre
währenden und noch lange nicht abgeschlossenen Vietnamkrieges spielt. Mary Makepeace möchte ihr Kind in England zur
Welt bringen, damit es die englische Staatsangehörigkeit bekommt und nicht zum Militär eingezogen werden kann (S. 115).

„Landeskunde" ist nicht nur Politik und spiegelt sich auch im
rein Privaten: die zurückhaltend-wohlerzogene, prüde Art Hilarys und die aggressive Direktheit Désirées sind deutliche Beispiele. Hilary duldet keine „four-letter words", nicht einmal als
Zitat in einem Brief. Vorwurfsvoll schreibt sie an Philip:

"Many thanks for your long and interesting letter. What a
pity, though, that you had to write those words in it.
Because I couldn't of course let Amanda read it [...] Rather
thoughtless of you, dear, wasn't it." (S. 128).

Dabei hatte Philip in seinem Brief lediglich Désirée zitiert, die
bei ihrer ersten Begegnung die Wörter „shit" und „fuck" benutzt
hatte.

Literatur(wissenschaft)

In einem Buch, dessen Hauptfiguren Professoren der Literaturwissenschaft sind, überrascht es nicht, dass häufig auf bekannte
(und auch weniger bekannte) literarische Werke aller Epochen
Bezug genommen wird. Der Verfasser setzt offensichtlich einen
belesenen und gebildeten Leser voraus. Eine Stelle, an der dieses
hohe Anspruchsniveau deutlich wird, soll stellvertretend für
viele andere herausgegriffen werden.

Morris geht eines Abends in Rummidge mit Hilary essen. In
der kleinen Kellerbar, die sie anschließend noch besuchen, spielt
eine Folk-Blues-Gruppe namens „Morte D'Arthur". Über diese
Band heißt es:

"The lead guitar was the weak link in the ensemble, Morris
decided. Perhaps he was Arthur. In which case the group's
name was a consummation devoutly to be wished ..."
(S. 203).

Der durchschnittlich gebildete Leser versteht natürlich, dass „morte" eine alte Form des französischen Wortes „mort" (Tod) ist und der Name der Band somit etwas mit dem Tod eines gewissen Arthur zu tun haben muss. Der literarisch gebildete Leser erkennt noch mehr, nämlich die Anspielung auf die Artussage, d. h. auf den mittelalterlichen Legendenzyklus „Morte D'Arthur" (ca. 1470) von Malory bzw. das Gedicht „Morte d'Arthur" von Tennyson (1834). "… a consummation devoutly to be wished" schließlich ist ein Zitat aus dem berühmten Hamlet-Monolog "To be or not to be …" (Akt III, 1. Szene), wo es heißt: "… to die, to sleep – […] 'tis a consummation devoutly to be wished". (In deutscher Übersetzung: „Sterben […] ist aufs innigste zu wünschen.")

Wir konzentrieren uns bei der weiteren Betrachtung des Motivs „Literatur" auf den I n h a l t des Romans. Von der F o r m (z. B. von der Erzähltechnik, dem Perspektivwechsel innerhalb der einzelnen Kapitel, der ironischen Einbeziehung eines fiktiven alten „Leitfadens zum Romanschreiben" u. a. ist an anderen Stellen die Rede (vgl. hauptsächlich S. 47 ff.).

Philip Swallow schrieb seine Magisterarbeit über die Jugendwerke von Jane Austen, danach verfolgte er dieses Thema nicht weiter. Morris Zapp hingegen ist d e r Jane Austen-Experte schlechthin: vier seiner fünf brillanten Bücher befassen sich mit den Romanen dieser Schriftstellerin, und sein Ehrgeiz geht dahin, weitere Werke über Jane Austen zu schreiben – so umfassende und tiefgehende Studien, dass danach nichts Wesentliches mehr über Jane Austen zu sagen sein würde: "After Zapp, the rest would be silence." (S. 44).

Die kleine Gemeinsamkeit, dass sowohl Swallow als auch Zapp sich mit Jane Austen befasst haben bzw. immer noch befassen, wiegt allerdings weniger als der beträchtliche Unterschied in der Art, wie die beiden an Literatur herangehen.

Wenn Philip Swallow nach seinem speziellen Forschungsgebiet gefragt wird, gerät er in Verlegenheit. Er hat kein Spezialgebiet. Er liebt Literatur in all ihren Formen. Neue Bücher üben eine nahezu erotische Anziehung auf ihn aus, wie sich zeigt, als er das ihm zugewiesene Arbeitszimmer in Dealer Hall zum ersten Mal betritt und dort Pakete mit Büchern vorfindet, die Verlage ihm kostenlos zugeschickt haben:

"... greedily (!) tearing the wrappers(!) from huge, heavy anthologies and sleek, seductive (!) paperbacks. A free book was a rare treat in England, and the sight of all this unsolicited booty made him slightly delirious (!)[7]." (S. 66).

Philips literarische Interessen sind so breit gefächert, dass er es nicht übers Herz bringt, sich ausschließlich auf ein Thema zu konzentrieren und darüber alle anderen Bereiche zu vernachlässigen. Er ist ein Mensch, der einfach gern liest; er muss lesen. (Und wenn er gerade kein richtiges Buch zur Hand hat, liest er trotzdem:

"... and in odd moments when nobler examples of the written word were not to hand he read attentively the backs of cornflakes packets, the small print on railway tickets and the advertising matter in books of stamps.") (S. 17).

Natürlich ist auch Morris Zapp ein Mensch, der viel liest. Aber für ihn ist Literatur nicht etwas zum Gernhaben. Jane Austens Romane sind für ihn Objekte seines analytischen Verstandes und nicht etwa anrührende Erzählungen, für deren Heldinnen man Sympathie empfinden darf. Er versucht seinen Studenten klarzumachen, dass Literatur und Leben auseinandergehalten werden müssen und dass es, wissenschaftlich betrachtet, völlig irrelevant sei, ob man ein Buch möge oder nicht. Gelegentlich schockiert er sie sogar mit einer Bemerkung, die sie von ihm, dem großen Jane-Austen-Experten, am allerwenigsten erwarten: "... that, speaking personally on this low, subjective level, he found Jane Austen a pain in the ass." (S. 48).

Andere Charaktere in *Changing Places* haben ein gefühlsbetonteres Verhältnis zur Literatur und wollen keine scharfe Abgrenzung zwischen Leben und Literatur vornehmen. In hohem Maße gilt dies für Menschen, die selbst gern schreiben möchten. Der radikale Student Wily Smith z. B. besteht darauf, an Philip

Swallows „Novel Writing"-Seminar teilzunehmen, weil er unbedingt einen autobiographischen Roman schreiben will.

Da Philip auf die Aufgabe, ein solches Seminar zu leiten, überhaupt nicht vorbereitet ist, lässt er sich von Hilary das Bändchen *Let's Write a Novel* nachschicken, das aber erst nach monatelanger Verspätung, vom Seewasser beschädigt, in Euphoria ankommt. Bestimmte anfechtbare Thesen dieses belustigend altmodischen Leitfadens werden gewissermaßen als Spielmaterial in die Struktur von *Changing Places* integriert (vgl. S. 18, 39, 48, 49, 74f. dieser Interpretationshilfe), und nicht zuletzt auch dadurch bekommt der Leser einen Eindruck davon, auf wie unterschiedliche Weisen man an Literatur herangehen kann.

Selbst die Frage, ob der der Roman als literarische Gattung ausstirbt, wie Philip auf der vorletzten Seite behauptet, wird von Lodge indirekt beantwortet: Natürlich nicht. *Changing Places* ist der lebendige Beweis des Gegenteils!

Religion

Das Motiv „Religion" spielt in fast allen anderen Romanen[8] von David Lodge eine wesentliche Rolle und soll deshalb hier kurz erwähnt werden, obwohl es in *Changing Places* geringere Bedeutung hat und zur komischen Beigabe geschrumpft ist.

Wenn Dr. O'Shea, der irische Arzt mit den strengen katholischen Moralprinzipien, gerade Morris Zapps Whisky kommentiert oder sich über ein Fernsehprogramm ereifert, sind seine Reden mit „Mother of God"-Ausrufen und ähnlichen religiösen Phrasen gesprenkelt. Als er Bernadette Vorwürfe über ihre Unmoral macht (sie hatte den *Playboy* gelesen und sich dabei selbst befriedigt), verkündet er ihr nicht nur, dass solch verwerfliches Tun sie geradewegs in die Hölle befördern würde, falls sie nicht rechtzeitig einen Beichtstuhl aufsuchte, sondern prophezeit ihr auch eine Fülle von furchtbaren körperlichen Folgen, wie Blindheit, Unfruchtbarkeit, Gebärmutterkrebs und Schizophrenie (S. 104). Aber Bernadette nimmt seine Predigten nicht sehr ernst. Sie ist auch nicht wirklich an der Fernsehsendung interessiert, die sie sich auf das Drängen O'Sheas hin in Morris Zapps Zimmer ansehen soll – einer Sendung über den religiösen Orden, dem ihre Tante angehört, „The Little Sisters of Misery". Schon durch den Namen des Ordens („M i s e r y " , an Stelle des erwarteten „Mercy") (S. 91), bekommt diese Szene ein komisches Element.

Noch einmal tauchen Nonnen als komisches Motiv in *Changing Places* auf. Als Morris Zapp in Rummidge Philips Arbeitszimmer inspiziert, das ihm für die nächsten Monate zur Verfügung stehen soll, fallen ihm aus dem obersten Schrankfach 157 leere Dosen auf den Kopf – Pfeifentabaksdosen, Marke „Three Nuns Empire Blend" (S. 64). Die „Nonnen" bereiten ihm auf diese Weise beträchtliche Kopfschmerzen.

Ein wenig ernsthafter wird das Motiv Religion im ersten und im letzten Kapitel des Romans behandelt – im Zusammenhang mit der Furcht der Passagiere vor einem möglichen Absturz ihres Flugzeugs. Morris Zapp, der eigentlich nicht an Gott glaubt, bekommt trotzdem Angst, als ihm klar wird, dass 155 todgeweihte Embryos mit ihm nach England fliegen. Wenn es nun doch einen Gott gibt, der in verständlichem Zorn die Boeing ins Meer schleudert? Als er dann auch noch hört, dass seine Nachbarin von einem katholischen Priester geschwängert worden ist, fühlt er sich ganz und gar nicht mehr wohl in seiner Haut und verbirgt das Gesicht in den Händen. Worauf Mary Makepeace ihn fragt, ob es ihm nicht gut geht, und Morris murmelt, "Just a twinge of morning-sickness." (S. 33). Spätestens hier wird der Ernst der Szene jedoch durch das Wortspiel unterbrochen: „morning-sickness" ist die morgendliche Übelkeit, unter der viele schwangere Frauen zu leiden haben.

Im letzten Kapitel wird das Motiv des zürnenden Gottes noch einmal aufgenommen. Die vier Hauptpersonen unterhalten sich im Hotel darüber, dass ihre Flugzeuge beinahe zusammengestoßen wären: "But we escaped," sagt Morris. "Perhaps God isn't angry with us after all." (S. 241). Dieser Gedanke wird von Philip und Hilary schnell beiseite geschoben; niemand mag sich damit beschäftigen – es ist schon schwer genug, nach einer weltlichpraktischen Lösung ihres komplizierten Beziehungsproblems zu suchen. Niemand will sich damit beschäftigen – auch der Erzähler nicht, der sich im Kapitel *Ending* ohnehin völlig zurückgezogen hat.

3 Struktur des Romans, Erzähltechnik

Erzähler, Perspektive

Die sechs Kapitel von *Changing Places* unterscheiden sich hinsichtlich der Erzählperspektive und der Rolle des Erzählers beträchtlich.

Im ersten Kapitel, *Flying*, machen wir Bekanntschaft mit einem allwissenden Erzähler, der nicht nur Aussehen und Verhalten seiner Figuren beschreiben kann, sondern auch ihre Gedanken und Gefühle kennt. Auch über die Vergangenheit ist er informiert: in einem längeren Rückblick erläutert er dem Leser alles, was zum Verstehen der gegenwärtigen Handlung nötig ist. Dieser Erzähler bringt sich selbst in spielerischer Weise als Person ein. Er spricht den Leser direkt an, kommentiert den Erzählvorgang als solchen und genießt seine privilegierte Position. (Die Interpretation des Anfangskapitels, S. 65 ff., enthält detailliertere Ausführungen hierzu.)

Im zweiten Kapitel, *Settling*, tritt der Erzähler nicht mehr als Figur auf. Er weiß zwar weiterhin, was zur gleichen Zeit an unterschiedlichen Orten geschieht, und hat weiterhin Einblick in Gedanken und Gefühle – aber seine Allwissenheit beschränkt sich auf Philip Swallow und Morris Zapp. (So kann er nicht sagen, was Hilary durch den Kopf geht, als sie Morris kennenlernt, und er teilt dem Leser auch nicht mit, was z. B. Melanie in der Party-Nacht fühlt.) Diese stärkere Zurückhaltung hat einen äußeren Grund: im ersten Kapitel spielt die Handlung im Flugzeug, bzw. in zwei Flugzeugen, und es geht eigentlich nur um die beiden Hauptfiguren, Swallow und Zapp. (Mary Makepeace und Charles Boon treten zwar auch schon auf, aber der Erzähler sieht sie nur von außen.) Im zweiten Kapitel weitet sich der Kreis der Personen aus, und eine absolute Allwissenheit des Erzählers wäre der straffen Konzentration abträglich und würde die Erzählung zu sehr ausufern lassen.

Der Leser erfährt das, was er über einige Figuren wissen soll, jedoch nicht ausschließlich vom Erzähler (durch direkte Beschreibung) oder durch die Wiedergabe ihres Handelns und Sprechens, sondern z. T. auch indirekt. Das „Course Bulletin", das Wily Smith Philip zeigt (S. 68), ist z. B. eine solche indirekte Quelle: aus ihm gewinnt Philip (und mit ihm der Leser) erste Informationen über die Professoren und Dozenten der Euphoria State University, mit denen er zu tun haben wird.

Im Kapitel *Settling* wird auch zum ersten Mal jenes Buch erwähnt, das in hintergründig ironischer Weise die Struktur von *Changing Places* beeinflusst – die völlig veraltete Anleitung *Let's Write a Novel*. Morris blättert darin und amüsiert sich – z. B. über den folgenden Rat: "The best kind of story is the one with a happy ending; the next best is the one with an unhappy ending, and the worst kind is the story that has no ending at all." (S. 88). Der Leser merkt an dieser Stelle wahrscheinlich noch nicht, welches Spiel mit ihm gespielt werden soll – aber vielleicht erinnert er sich an jenen Satz, wenn er das Ende des Romans erreicht hat ...

Im nächsten Kapitel, *Corresponding*, verschwindet der Erzähler. Das ganze Kapitel besteht ausschließlich aus Briefen (und einem Telegramm), die die vier Hauptfiguren – Philip und Hilary, Morris und Désirée – einander schicken. Das bringt einen ständigen Wechsel der Perspektive mit sich. Wir erleben Ereignisse, über die im vorigen Kapitel bereits der Erzähler berichtete, nun aus der Perspektive jeweils einer der vier Figuren neu; andere Vorfälle werden hinzugefügt. Der strukturelle Witz dieses Kapitels besteht in Folgendem:

Hilary erwähnt am Ende eines ihrer Briefe das Bändchen *Let's Write a Novel*, in dem sie geblättert hat, und amüsiert sich darüber, dass der Verfasser ein ganzes Kapitel dem Briefroman widmet ("There's a whole chapter on how to write an epistolary novel, but surely nobody's done that since the eighteenth century?" [S. 130]). Indem Lodge Hilary diese Worte ausgerechnet in jenem Teil des Romans in den Mund legt, der aus lauter Briefen besteht, widerlegt er diese Aussage und macht gleichzeitig den Leser auf amüsante Weise auf die Struktur des Romans aufmerksam.

Auch im vierten Kapitel, *Reading*, zeigt sich der Erzähler nicht. Der Leser muss sehen, wie er allein fertig wird mit dieser Zusammenstellung von allerlei gedruckten Verlautbarungen und Zeitungsberichten, in denen oft das gleiche Geschehen aus völlig verschiedener Sicht dargestellt wird. *Reading* ist das Kapitel mit den ausgeprägtesten Perspektivwechseln.

Im fünften Kapitel, *Changing*, ist der Erzähler wieder da und hat Einblick in die Gefühle und Gedanken der beiden Professoren. Dennoch unterscheidet sich das Kapitel erzähltechnisch gesehen von den Kapiteln *Flying* und *Settling*, denn es basiert auf einem weiteren Kunstgriff des Autors:

Der Leser weiß, dass Philip Swallow seit einiger Zeit im gleichen Hause wie Désirée lebt und ein Verhältnis mit ihr hat. Er hat aber noch nicht erfahren, wie es dazu gekommen ist, denn die spannungssteigernden erzählerischen Rückwendungen, die in Form von kurzen Appetithäppchen in die Gegenwartshandlung des Kapitels eingefügt sind, sind noch nicht bis zu dem entscheidenden Moment vorgedrungen. Da erhält Philip ein schon vor Monaten abgeschicktes Päckchen von Hilary: es enthält das Buch *Let's Write a Novel,* das durch Seewasser beschädigt und kaum noch lesbar ist. Als es ihm gelingt, die verklebten Seiten irgendwo in der Mitte zu öffnen, liest er die folgenden Sätze: "Flashbacks should be used sparingly, if at all. They slow down the progress of the story and confuse the reader. Life, after all, goes forwards, not backwards." (S. 186). Diese Aussagen kommentieren – in amüsant-ironischer Spiegelung – sowohl das reale Geschehen als auch die Erzähltechnik im Kapitel *Changing*, und man spürt, wieviel Spaß es dem Erzähler macht, mit seinen Möglichkeiten zu spielen. Er hat den Rat, den der Verfasser des kuriosen alten Büchleins gegeben hat, eben nicht befolgt, denn die „flashbacks" sind in diesem Kapitel die wesentlichen Spannungs- und Gestaltungsmittel. Die Aussage "Life goes forwards, not backwards" gewinnt für den Leser eine zusätzliche Spannungs- dimension dadurch, dass noch völlig unklar ist (und auch bis zur letzten Seite des Romans unklar bleiben wird), wie Philip sich entscheiden wird: wird er zu Hilary zurückkehren oder bei Désirée bleiben?

Wie schon erwähnt, wird das gleiche Zitat im Kapitel *Changing* noch einmal benutzt: in der letzten Fassung des Briefes an Hilary, den Philip im Kopf entwirft, schreibt er im Zusammenhang mit seinen Gedanken über die Zukunft: "Life, after all, should go forwards, not backwards." Der Leser, der das Zitat wiedererkennt, muss lachen.

Das letzte Kapitel schließlich, *Ending*, ist wiederum völlig anders als alle vorhergehenden Kapitel. Es hat die Form eines Filmdrehbuches und beschreibt, was die Kamera zeigt, was die handelnden Personen sagen und was sie tun, aber es tritt kein allwissender Erzähler mehr auf.

In seinem Buch *The Practice of Writing* gibt David Lodge eine interessante und wichtige Begründung für diesen Verzicht:

"I adopted a scenario form at the end to avoid declaring an authorial preference for one position out of several being presented in the text. [...] When I began the novel I had no idea how I would end it, and as I approached the end I became reluctant to settle the story in favour of England or America, marriage or divorce, divorce with remarriage or divorce without it, or to discriminate between the different desires and needs of the four main characters. So I wrote the final chapter in the form of a film scenario in which every possible resolution of the story is discussed by the four characters, and none of them is privileged by any insight into their thoughts and feelings, or by the narrator's tone of voice – for there is no narrator." (S. 209 f.).

Es bleibt dem Leser überlassen, welche der denkbaren Lösungen er für wünschenswert oder für wahrscheinlich hält. Das Spiel mit diesen verschiedenen Erzählstrukturen in *Changing Places* kann im Grunde genommen als ein sogenannter „Verfremdungseffekt" begriffen werden: der Leser wird durch die Mischung der Erzählweisen und durch die versteckten Hinweise auf die jeweils benutzte Struktur aus dem Geschehen gerissen. Ihm wird bewusst gemacht, dass das, was er im Moment liest, kein natürlich entstandenes Produkt ist, sondern das wohlstrukturierte, kunstvoll arrangierte Werk eines Autors. Die Struktur des Romans wird auf diese Weise selbst zu einem Thema von *Changing Places.*

Vorausdeutungen und Vorbereitungen; Rückwendungen
Vorausdeutungen und Rückwendungen sind handwerkliche Mittel, die dem Schriftsteller zur Verfügung stehen, um die zunächst formlose Masse des zu erzählenden Stoffes zu strukturieren.

Es würde den Rahmen dieser Interpretation sprengen, den Begriff „Vorausdeutungen" mit all seinen Verästelungen literaturwissenschaftlich genau zu definieren[9] (man kann z. B. zwischen „einführenden" und „abschließenden", „zukunftsgewissen" und „zukunftsungewissen", „wahrhaften" und „irreführenden", „inhaltlich bestimmten" und „dunkel-allgemeinen" Vorausdeutungen unterscheiden).

Es genügt, deutlich werden zu lassen, dass ein Roman eine in sich geschlossene, kunstvoll gefügte Welt darbietet (im Gegensatz zum realen Leben, das meistens eher zufällig und formlosunstrukturiert wirkt, obwohl Inhalte und Geschehnisse die gleichen wie in einem Roman sein können) und dass *Changing Places* ein dicht gewebtes, handwerklich genau gearbeitetes Buch ist. Einige Beispiele mögen zeigen, wie David Lodge mit Vorausdeutungen arbeitet und so dafür sorgt, dass der Leser durch frühzeitig eingefügte Informationen auf Dinge vorbereitet wird, die sich später als bedeutungsvoll erweisen.

Eine erste, ganz wichtige Vorausdeutung findet sich gleich auf der zweiten Seite des Romans: der **„Nabelschnur"-Vergleich**, in dem der Erzähler eine Art Vorschau auf den Inhalt des gesamten Buches gibt. (Diese Stelle wird auf S. 68 dieser Interpretationshilfe genauer analysiert.)

Auf dem Hinflug wird – wie der Vorbote eines nahenden Gewitters – der Begriff **„Women's Liberation"** eingeführt:
"'Women's Liberation? What's that?' says Morris Zapp, not liking the sound of it at all. 'I never heard of it.' (Few people have on this first day of 1969.) 'You will, Professor, you will,' says the girl." (S. 34).

In einem Brief von Désirée an Morris werden die Gewitterwolken deutlich dunkler:
"Have you ever heard of Women's Liberation, Morris? I've just discovered it. [...] They've just started up a discussion group in Plotinus, and I went along the other night. I was fascinated. Boy, have they got your number!" (S. 151).

Im Kapitel *Reading* wird dann in einem Zeitungsbericht „Plotinus Women on March" über das erste öffentliche Auftreten der Feministinnen berichtet. (S. 153) – Später erfahren wir, dass Désirée regelmäßig zu Gruppensitzungen geht und außerdem Karateunterricht nimmt – und bei der Wiederbegegnung im New Yorker Hotelzimmer zeigt sie, dass sie sich zu verteidigen weiß. Die Thematik des Feminismus wird also schon gleich zu Beginn des Romans angedeutet und erfährt dann im Laufe des Geschehens eine fortlaufende Steigerung.

Im ersten Kapitel wird erwähnt, dass die Swallows in England immer schon in feuchten und zugigen Wohnungen gelebt haben, sich aber keine **Zentralheizung** leisten konnten ("... had long been an impossible dream of the Swallows") (S. 25). Als es um die Frage geht, ob Philip die Chance ergreifen soll, für sechs Monate allein nach Amerika zu fahren, dient ihm der Hinweis auf die Zentralheizung als willkommenes Argument: "I could probably save a lot of money. Enough to pay for the central heating, I should think." (S. 25). Er sorgt in der Tat dafür, dass die

Heizung installiert wird – aber auf etwas andere Weise als er es sich vorgestellt hat. Auf die Nachricht von seinem Seitensprung mit Melanie reagiert Hilary auf erfrischend praktische Weise:
"I decided not to wait any longer for the central heating, but to have it put in immediately on the HP. [...] If he can't wait for sex till he gets home, why should I wait for central heating?" (S. 150).
Gegen Ende des vorletzten Kapitels erleben wir die wilde Jagd im Paternoster: Morris Zapp hat Angst davor, von Gordon Masters erschossen zu werden. Diese dramatische Steigerung wird – schon im ersten Kapitel und auch später noch mehrmals – dadurch vorbereitet, dass der Leser immer wieder an Gordon Masters' Jagdleidenschaft erinnert wird: an seine Eigenart, im Gespräch ein Auge wie beim Zielen zuzukneifen, an seine vermutete Gefährlichkeit (das Gerücht über den beim Jagen erschossenen Rivalen), an seine zunehmende Unzurechnungsfähigkeit ("I knew he was mad the first time I saw him ...") und an die wild übertriebenen Reaktionen Gordon Masters' auf die Studentenunruhen. Besonders prägnant ist in diesem Fall natürlich die Tatsache, dass Morris' Angst eigentlich völlig unbegründet ist. Die harmlose Erklärung von Masters' Verhalten kommt durch die gerade in die gegenteilige Richtung weisenden Vorausdeutungen für den Leser um so überraschender und dadurch wird Komik erzeugt.
Weitere Vorausdeutungen oder Ketten von Vorausdeutungen betreffen z. B. folgende Motive:
– die Frage, ob Philip Swallow oder Robin Dempsey zuerst befördert wird;
– die Melodie „These Foolish Things" als Unterhaltungsmusik im Flugzeug (Hinflug und Rückflug; beim Rückflug mit tieferer Bedeutung aufgeladen);
– die Charles-Boon-Show (mit den unfreiwilligen Enthüllungen Philips und Hilarys als Höhepunkt);
– Karl Kroop – auf Buttons, im „Course Bulletin" und als reale Person;

- die bösartige Kritik des Festschrift-Beitrages von Morris Zapp;
- die identischen ersten Reaktionen von Hilary auf Morris ("I can't say I took to him" [S. 119]) und von Philip auf Désirée ("I didn't take to her at all" [S. 123]) – die sich später sehr ändern.

Auf die Bedeutung der **Rückwendungen** („flashbacks"), ganz besonders im Kapitel *Changing*, aber auch im ersten Kapitel, ist schon an anderer Stelle hingewiesen worden (vgl. S. 18, S. 49 sowie S. 74 f.).

Komik, Witz, Humor

Changing Places ist – trotz der Ernsthaftigkeit der angeschnittenen Themen – ein komischer Roman. Es dürfte schwer fallen, auch nur eine einzige Seite zu finden, auf der der Leser nicht irgendwie zum Lachen (oder Lächeln) gebracht wird. Auf welche Weise wird dies jedoch erreicht?

Der Verfasser verfügt über viele verschiedene Mittel, um Komik zu erzielen, und einige davon sollen hier, jeweils zusammen mit einem oder mehreren Beispielen, vorgestellt werden.

Situationskomik

Dr. O'Shea stürmt in Morris Zapps Zimmer und macht ihm flammende Vorwürfe, weil er Bernadette zum Lesen pornographischer Lektüre animiert habe. Morris nimmt das gelassen hin, möchte sich aber nicht beim Fernsehen stören lassen, und das führt zu einer grotesken Szene:

"Would you mind raising your right arm just a little?" said Morris. "You're cutting out part of the screen."
O'Shea obligingly lifted his arm, thus resembling a man taking the oath in court. A luridly coloured advertisement for Strawberry Whip swelled like an obscene blister under his armpit. "But I must ask you not to bring pornography into the house."
"Pornography? Me? I haven't even got a pornograph," Morris quipped ..."(S. 105).

Dass Morris nur sehr ungern auf das Fernsehen verzichtet, wird auch während seiner Auseinandersetzung mit Désirée deutlich, in der es um den Fortbestand ihrer Ehe geht:
"Look, let's talk about this like two rational people," he said, making a gesture of serious concern by turning off the TV football game he had been watching with one eye throughout this argument." (S. 41).

Morris Zapp besucht in Soho eine Stripteasebar – und die Einzelheiten der Situation sind lächerlich unangemessen. Er ist der einzige Gast in einem eiskalten Raum. Morris setzt sich in die erste Reihe und wartet. Nichts tut sich. Als er nach ein paar Minuten zum Eingang zurückgeht und den indischen Besitzer fragt, wann die Vorstellung beginnt, bittet der ihn um etwas Geduld – "The girl arrives very soon, sir" (es ist nur eine einzige Tänzerin vorgesehen) – und als er sich über die Kälte beklagt, schleppt der Inder einen elektrischen Heizlüfter herbei, dessen Zuleitungsschnur aber zu kurz ist. Morris setzt seine Pelzmütze auf, knöpft den Mantel bis obenhin zu und zieht seine Handschuhe an und wartet. Er zündet sich eine Zigarre an und wartet. Als er die Zigarre halb ausgeraucht hat, betritt endlich die versprochene Stripperin das Lokal. Sie hat einen Schnupfen. In dicke Wintersachen gehüllt, sieht sie nicht gerade appetitanregend aus: "She looked about as sexy as a Siberian Miss Five Year Plan." (S. 114). Als sie dann – etwas leichter bekleidet – die Bühne betritt und von dem Inder als „Fifi the French Maid" vorgestellt worden ist, merkt Morris, wen er vor sich hat: Mary Makepeace!

Missverständnisse

"It was the first time it ever happened to me", gesteht Philip Melanie und meint damit, dass er vorher noch niemals mit einer anderen als seiner eigenen Frau geschlafen hat. Melanie ist völlig verblüfft: "You mean – you were a v i r g i n ? " (S. 117).

Beim ersten öffentlichen Auftreten in Plotinus tragen die Vertreterinnen der Frauenbewegung Flaggen, auf denen u. a. die For-

derung, „Free Child Care Centers 24 Hours a Day" zu lesen ist. Eine arme, überforderte Hausfrau hält daraufhin die marschierenden Feministinnen an:
"The last of these slogans moved a Puerto Rican housewife to hold up the procession: Where, please, could she find one of the Centers? The marchers explained regretfully that they didn't exist yet." (S. 153).

Witzige Entgegnungen in Gesprächen, verblüffende Formulierungen, ironische Kommentare

Mary Makepeace erzählt Morris Zapp beim Hinflug, dass bei diesen Abtreibungs-Charterflügen ein Theaterbesuch in Stratford-upon-Avon im Preis inbegriffen ist: "It's supposed to give you a lift afterwards. You get to see a play." Worauf Morris, schlagfertig den Titel einer Shakespeare-Komödie zitierend, fragt, "All's Well That Ends Well?" (S. 31).

Etwas später fragt Mary (deren Mangel an literarischer Bildung schon deutlich geworden ist) ihn, ob Jane Austen der Name seiner Urgroßmutter sei, und die lakonische Kürze des nächsten Satzes passt dazu: "He says he thinks it unlikely." (S. 48).

Luke Hogan, der Leiter der anglistischen Fakultät an der Euphoria State University, und Morris Zapp beratschlagen, für welche Lehrveranstaltungen man den zu erwartenden Gastdozenten Philip Swallow einsetzen kann. Morris kann nicht glauben, dass Philip Swallow nicht einmal den Doktortitel besitzt, und Luke Hogan klärt ihn auf, dass es darauf in England nicht ankommt. Daraufhin fragt Morris, "You mean the jobs are hereditary?" (S. 60) (deutsch: erblich) – eine ironische Anspielung auf die „hereditary peers" im englischen Oberhaus.

Toleranz ist normalerweise etwas uneingeschränkt Positives – und daher muss der Leser lachen, wenn Morris in einem Brief an Désirée, in dem er darüber spöttelt, dass die Engländer sich anscheinend mit allem abfinden, ohne sich zu beklagen, schreibt: "The tolerance of people here is enough to turn your stomach." (S. 126).

Der unsympathische Dozent Howard Ringbaum, der anonyme Verleumdungsbriefe geschrieben hat, wird von Désirée wie folgt charakterisiert: "He's the kind of guy who would make a heavy breathing call collect if he could get away with it." (S. 145).

Als sich an dem neuen Universitätsgebäude von Rummidge wieder einmal eine Fliese krachend von der Außenwand löst und dicht hinter Morris Zapp in Scherben zerschellt, findet er das allmählich gar nicht mehr komisch:

"This isn't even funny any more, he thought looking up at the facade of the building, now beginning to look like a gigantic crossword puzzle. Before long somebody was going to get seriously killed and sue the University for a million dollars." (S. 220).

Die gängige Redewendung, die man erwartet hätte, heißt natürlich "to get seriously hurt". Aber in Amerika (wieder ein Stückchen Landeskunde!) gehen, so lässt diese Aussage vermuten, sicher auch die Toten noch dem nationalen Hobby nach, Prozesse zu führen und Schadenersatz zu verlangen.

Unerwartete Zusammenstellungen

Morris stellt sich vor, wie es sein würde, wenn aufgrund eines Computerfehlers die über dem Flughafen von Esseph kreisenden Flugzeuge kollidierten und dann die folgenden „Bestandteile" vom Himmel fallen würden: "…engines, passengers, chemical toilets, hostesses, menu cards and plastic cutlery…" (S. 11).

Als Philip Swallows Boeing zur Landung ansetzt, ergreift ihn ein Gefühl von Heimweh und Angst und er fragt sich "what it would be like to die and whether there is a God, and where did he put his luggage tickets." (S. 53).

Unwahrscheinliche Ereignisse

Morris Zapp wird für eine Weile obdachlos, weil ein dicker Block aus grünem Eis das Dach des Hauses von Dr. O'Shea durchschlägt: "… frozen urine, […] illegally discharged from an airliner flying at high altitude." (S. 166). (Wer die deutsche Übersetzung liest, darf an dieser Stelle noch ein weiteres Mal lachen: "A block of green ice one cubic foot in size" erscheint dort als „ein dreißig Kubikzentimeter großer Würfel aus grünem Eis". Ein „cubic foot" ist aber ein Würfel mit einer Kantenlänge von 30 cm; und das ergibt 27 000 Kubikzentimeter!)

Übertreibung
Philip und Hilary kehrten nach ihrer ausgedehnten Hochzeitsreise von Amerika ins regnerische England zurück, "and Philip caught a cold which lasted for approximately a year." (S. 20).

Die Spannweite der Bewerbungen Charles Boons – für den Philip laufend Empfehlungsbriefe schreiben muss – ist beträchtlich: "At one moment he aspired to be Cultural Attaché in the Diplomatic Service", und kurze Zeit später ist er "prepared to settle for Lavatory Attendant, Southport Corporation." (S. 37).

Morris Zapp möchte die schreckhafte, Minirock tragende Sekretärin daran hindern, das Fenster zu öffnen, damit die kostbare Wärme nicht aus seinem Arbeitszimmer entweichen kann:
"She shrank back, quivering, as if he had been about to put his hand up her skirt – which, given its dimensions, wouldn't have been difficult, it could easily happen accidentally just shaking hands with her." (S. 62).

Morris staunt darüber, dass Dr. O'Shea so bereitwillig Hausbesuche bei Patienten macht – "… compared to American doctors, who in Morris's experience would only visit you at home if you were actually dead." (S. 92).

In einem Brief an Morris beschreibt Désirée, wie Philip Swallow sich zu Fuß ihrem Haus nähert:
"… and who should be walking up the drive but Mr Swallow himself. Not so much walking, actually, as crawling up on his hands and knees. […] He said he hadn't realized that the road was practically vertical." (S. 121).

In Morris Zapps Seminar in Rummidge hält sich die mündliche Beteiligung der Studenten in Grenzen:
"Silence falls again. It's so quiet you can hear the guy's beard growing. Desperately I ask one of them a direct question.

'And what did y o u think of the text, Miss Archer?' Miss Archer falls off her chair in a swoon." (S. 125).

Motivvariation

Der symmetrische Aufbau von *Changing Places* bringt ein ständiges Springen der Erzählung mit sich: wenn auf der einen Seite des Ozeans etwas geschieht, wird kurz darauf auf der anderen Seite des Ozeans das Motiv wieder aufgenommen (z. B. am Anfang des Romans die Angst vorm Fliegen, die Schwierigkeiten der Wohnungssuche, das Kennenlernen des neuen Arbeitsplatzes), aber nun (musikalisch gesprochen) in einem anderen Rhythmus, einer anderen Tonart, oder vielleicht in Dur statt in Moll.

Die Verweildauer beim jeweiligen Ort ist sehr unterschiedlich – im Kapitel *Changing* werden der Handlung in Euphoria über 30 Seiten gewidmet, bevor ein ebenso langer Abschnitt sich mit Rummidge befasst. An anderen Stellen (z. B. als beide Professoren eine Stripteasebar besuchen) wird z. T. auf der gleichen Seite mehrmals gewechselt, fast wie ein schneller Ballwechsel beim Tischtennis.

Gelegentlich ist die Verknüpfung sehr engmaschig – der Sechstausend-Meilen-Sprung kann von einem einzigen Wort ausgelöst werden: "Oh God, the guilt, the guilt!" (S. 103) heißt es über Philips schlechtes Gewissen nach der aufwühlenden nächtlichen Erfahrung mit Melanie Byrd – und gleich im nächsten Satz, der aber nicht mehr in Euphoria spielt, sondern das Geschehen in England weiterführt, wird berichtet, dass Morris Zapp „some pangs of guilt" fühlt, wenn auch aus einem völlig anderen Grunde.

Abgesehen von der gleichsam automatischen Motivvariation, die das Hin- und Herspringen der Erzählung mit sich bringt, kommt es auch vor, dass Motive in weniger vorhersagbarer Weise wieder aufgenommen werden. Dabei kann es sich um Vorausdeutungen oder Rückwendungen handeln (vgl. z. B. die auf S. 49 schon besprochene geschickte Mehrfachbenutzung des

Satzes "Life, after all, should go forwards, not backwards", das ironische Spiel mit dem anderen Beamish-Zitat "The worst kind is the story that has no ending at all", oder Philips Reaktion auf Désirées Kuss – "as once before, the unexpected kiss had melted some glacier within him ..." (S. 192) – wobei das „once before" sich auf den Kuss bezieht, den er von Melanie Byrd bekam [S. 98]); es kann sich jedoch auch um Variationen handeln, die auf Wortspielen oder Mehrdeutigkeiten beruhen.

Paradise Regained – Das zurückeroberte Paradies – ist der Titel einer 1671 erschienenen epischen Dichtung von John Milton. Bei dem Literaturkenntnis-Spiel „Humiliation", das Philip Swallow im Hause der Gootblatts anregt, stellt sich heraus, dass Luke Hogan dieses wichtige Werk nie gelesen hat (S. 136). Später taucht der Titel im Kapitel *Reading* erneut auf – diesmal als Überschrift einer Zeitungsmeldung, die sich auf den umkämpften Volksgarten bezieht (S. 155).

Interessant ist auch das Spiel mit dem Bären-Motiv.

Der Leser erinnert sich daran, dass der erste optische Eindruck, den Morris von Hilary bekam, etwas bärenhaft war: "... looking rather like a brown bear emerging from hibernation." (S. 85). Symbolisch gesehen, ist der Winterschlaf ein unschuldiger Schlaf, und Hilarys Erwachen hat nicht nur wörtliche Bedeutung.

Im letzten Kapitel, während des Anflugs auf New York, dreht Désirée am Programmknopf von Philips Kopfhörer. Statt der Melodie „These Foolish Things" – die er schon sechs Monate zuvor auf dem Flug nach Euphoria gehört hatte (damals war der Titel freilich noch nicht so mit Bedeutung aufgeladen) hört Philip plötzlich ein Stück aus dem Kindermärchen *Goldilocks and the Three Bears* – woraufhin er aufwacht und schuldbewusst die Kopfhörer abnimmt:

"And the Daddy Bear said, 'Who's been sleeping in MY bed?' and the Mummy Bear said, 'Who's been ...'." (S. 237). Wie der Leser weiß, ist diese Frage in der Tat nicht unberechtigt.

4 Sprache

In seinen Romanen feilt David Lodge so lange an einem Abschnitt, einem Satz oder einem Ausdruck, bis er glaubt, ihn nicht mehr weiter verbessern zu können. Er nimmt die Aufgabe, handwerklich saubere Arbeit zu liefern, ernst. In *The Practice of Writing* beschreibt er, was er von seinen Vorbildern James Joyce, Graham Greene und Evelyn Waugh gelernt hat: "... a craftsmanlike approach to the business of writing, a willingness to take pains, a commitment to making the work as good as you can possibly make it." (S. 172) – An anderer Stelle des gleichen Buches zitiert er die folgenden Formulierungen von James Joyce, die in die gleiche Richtung gehen: "What I am seeking is the perfect order of words in the sentences I have"/"... each (book) a more ambitious exploration of the possibilities of language ..." (a. a. O. S. 130).

Im Folgenden werfen wir einen Blick auf einige Aspekte der sprachlichen Gestaltung in *Changing Places*: Alliterationen, Bildhaftigkeit, Wortschöpfungen und symbolische Verdichtung.

Alliterationen

Alliterationen steigern die Wirkung des Gesagten – nicht nur in Gedichten, sondern durchaus auch in Prosa. Sie gehören zu den beliebtesten rhetorischen Mitteln. Hier ist eine kleine Auswahl von Stellen, an denen man spürt, dass die Alliteration nicht zufällig ist, sondern bewusst eingesetzt wurde.
- "He hugs the thought to himself with guilty glee..." (S. 23)
- "...bore plentiful evidence of his marksmanship in the form of silently snarling stuffed animals." (S. 23)
- "a journal bursting with book reviews" (S. 26)
- "bouncing breasts" (S. 27)
- "in casual conversation" (S. 31)
- "Zapp succumbs to self-pity. Why should he suffer with all these callous careless women?" (S. 32)

- ""No, no" Philip protested, greedily tearing the **w**rappers from **h**uge, **h**eavy anthologies and **s**leek, **s**eductive paper-backs ..." (S. 66)
- "He **s**niffed there the mixture of **s**pite and **s**kill, **g**all and **g**race, which characterized an authentic **sp**ectator **sp**ort." (S. 70 f.)
- "He towed behind him a delectable blonde in **p**ink **p**arty **p**yjamas." (S. 77)
- "Then he would take it (= the book) round to Mrs **S**wallow one **s**uppertime and **st**and on her **st**oop, **s**alivating ostentatiously." (S. 88) (Lautmalerei – passend zu „salivating"!)
- "The interregnum of Pythagoras **Dr**ive seemed like a **dr**ugged **dr**eam as it receded into the past ..." (S. 180)
- "She was waiting for him in the lobby of the Hall of Justice, **c**ool, **cr**isp and **c**onfident in a **cr**eam-**c**oloured trouser-suit ..." (S. 191)

Bildhaftigkeit
An vielen Stellen wird Anschaulichkeit durch Bilder, Metaphern und originelle Vergleiche erreicht:
- "The Sunday paper [...], an earnest, closely printed journal **bursting with book reviews** and excerpts from statesmen's memoirs, **broke out abruptly in a rash of nipples and coloured photographs** of après-sex leisurewear ..." (S. 26).
- "O'Shea obligingly lifted his arm, thus **resembling a man taking the oath in court**. A luridly coloured advertisement for Strawberry whip **swelled like an obscene blister** under his armpit." (S. 105)
- "There was no real winter in Euphoria – **autumn joined hands with spring and summer, and together they danced a three-handed jig** all year long, **to the merry confusion of the vegetable world**." (S. 58 f.)
- Philip – von schlechtem Gewissen gequält, weil er mit Melanie geschlafen hat –

"stealthily disengaged himself from her embrace and crept back to his king-size bed. He did not lie down on it: he knelt at it, **as though it were a catafalque bearing the murdered body of Hilary**, and buried his face in his hands. Oh God, the guilt, the guilt!" (S. 103).
- Als Morris mit der Entscheidung ringt, ob er Philip oder Dempsey zur Beförderung vorschlagen soll, heißt es: "Yet Morris, **mentally fingering the executioner's axe and studying the bared neck of Philip Swallow held out on the block before him,** hesitated ..." (S. 222).

Wortschöpfungen
Gelegentlich erfindet Lodge Wörter und Wendungen, die es eigentlich gar nicht gibt, und bringt den Leser dadurch zum Schmunzeln.
- Morris bezeichnet in einem Brief Dr. O'Shea, dessen Garten völlig verwildert ist und sich allmählich mit Vogelbadewannen, zerbrochenem Spielzeug und alten Kinderwagen füllt, als einen „**avantgardener ...**" (S. 128).
- Morris überholt mit seinem Sportwagen "an invalid carriage, as they were called (more like **euthanasia on wheels**, he would have said ...)" (S. 209).

Symbolische Verdichtung
Symbolische Verdichtung ergibt sich, wenn das Gesagte hinter dem an der Oberfläche Gemeinten eine weitere Bedeutung aufleuchten (oder zumindest vermuten) lässt.

Das Haus im Pythagoras Drive, in dem Philip eine Wohnung mietet, steht in einer „**slide area**" – einer erdrutschbedrohten Zone. Im Verlauf des Romans gerät jedoch nicht nur das Haus ins Rutschen, sondern auch Philip selbst.

Auch die **Namen** der beiden Hauptdarsteller (und vermutlich der Name Mary **Makepeace**) sind symbolisch aufgeladen. Der Name **Swallow** erweckt angenehme Assoziationen: eine Schwalbe kann weite Strecken fliegen und ist ein sympathischer

Vogel. (Désirée, die in angetrunkenem Zustand Philip zuerst mit „Mr Sparrow" anredet und von ihm korrigiert wird, kommentiert: "Mr Swallow. Sorry. A much nicer bird [...] Less promiscuous, for instance.") (S. 79/80).

Bei **Zapp** denkt man sofort an das schnelle Wechseln von Fernsehkanälen (in der Vergangenheit hat Morris, wie der Leser weiß, außer Fernsehkanälen auch seine Frauenbekanntschaften häufig gewechselt.). ‚Zapp' ist ein hartes, lautes Wort und wenn man im Wörterbuch das Verb „zap" nachschlägt, findet man die Bedeutung „to attack, to kill".

Als Philip Swallow, der seit kurzem bei Désirée wohnt, sich im Schlafzimmerspiegel sieht, heißt es: "**Three images of himself** converged in the triptych of mirrors over Désirée's dressing-table, and cold-shouldered him as he turned to retrace his steps." (S. 175) – und aus dem folgenden Teil des Dialogs wird deutlich, dass er die Orientierung hinsichtlich seiner Identität verloren hat.

Auch der **gerade noch abgewendete Flugzeugzusammenstoß** im letzten Kapitel muss hier erwähnt werden. Als Morris berichtet "We nearly collided with another plane", und Philip und Désirée erkennen, dass das andere Flugzeug ihres gewesen sein muss, kommentiert Désirée: "It would have solved a lot of problems, of course. A spectacular finale to our little drama." (S. 240). Sie sind, auch wenn sie ihre Probleme nicht gelöst haben, alle noch einmal davongekommen – nicht nur mit dem Leben. Auch die Verwirrung ihrer persönlichen Beziehungen hätte ein schlimmes Ende nehmen können. Das jedoch hätte nicht zu der freundlich-humorvollen Grundtendenz des Romans gepasst.

5 Interpretation ausgewählter Stellen

Bei der folgenden Interpretation dreier Stellen, lässt es sich nicht ganz vermeiden, einige bereits in anderen Kapiteln angesprochene Dinge erneut zu erwähnen, da verdeutlicht werden soll, welchen spezifischen Beitrag die ausgewählten Passagen leisten.

Zwei Nabelschnüre verwickeln sich ...
Eine Analyse des Romananfangs (S. 7–12)

Der Anfang eines literarischen Werkes ist grundsätzlich sehr wichtig und verdient besondere Aufmerksamkeit.

Wer z. B. eine Kurzgeschichte (die in der Schule mit Abstand am häufigsten besprochene literarische Form!) zu lesen beginnt, darf davon ausgehen, dass die Einleitung, die „exposition", ganz bestimmte Erwartungen erfüllt:
– sie stellt die Hauptpersonen und ihre Probleme vor,
– deutet das Thema an,
– skizziert den Hintergrund (Zeit, Ort, besondere Umstände),
– bringt die Handlung in Gang   und
– erzeugt Spannung.

Im Großen und Ganzen gilt das auch für einen Roman. Da aber ein Roman natürlich viel länger als eine Kurzgeschichte ist, kann der Romanschreiber sich sehr viel mehr Zeit lassen, und der Leser muss sich darauf einstellen, dass er diese Informationen zwar erhalten wird, aber noch nicht unbedingt in den ersten ein oder zwei Absätzen.

In unserem Falle ist es sinnvoll, die ersten fünf Seiten des Romans zu untersuchen (danach, ab der vorletzten Zeile von S. 12, folgt dann ein längerer Rückblick mit einer Menge von Hintergrundinformationen).

Auf diesen fünf Seiten bekommen wir all das, was wir auch von der „exposition" einer Kurzgeschichte erwarten würden – und noch etwas anderes, sehr Wichtiges: wir lernen den Erzähler kennen. Nicht einen Ich-Erzähler, der selbst in die Handlung verwickelt ist (wie in vielen anderen Romanen), sondern einen außenstehenden, allwissenden Erzähler – und von der Art, wie dieser „omniscient narrator" mit uns umgeht, wird unsere gefühlsmäßige Einstellung zu dem, was da kommen soll, stark beeinflusst. Davon wird noch die Rede sein.

Zunächst aber soll anhand der oben vorgestellten Liste überprüft werden, ob und auf welche Weise die ersten Seiten von *Changing Places* unsere Erwartungen erfüllen.

Vorstellung der Hauptpersonen

Gleich in der zweiten Zeile des Romans erfahren wir, dass zwei Professoren für englische Literatur hoch oben über dem Nordpol aneinander vorbeifliegen. Ihre Namen kennen wir noch nicht. Der Erzähler beschränkt sich darauf, von den „two professors of English Literature" zu sprechen und sie, weiter unten auf der Seite, als „Prof A and Prof B" zu bezeichnen. (Erst in der letzten Zeile der Seite 8 bzw. der ersten Zeile der Seite 9 werden die Namen genannt.)

Wir dürfen daraus schließen, dass der Beruf der beiden Herren keineswegs Nebensache ist, sondern erhebliche Bedeutung in diesem Roman haben wird. Dass sie beruflich mit Literatur zu tun haben, erlaubt uns die Vermutung, dass der Roman, den wir hier zu lesen beginnen, erzähltechnisch und sprachlich reizvoll sein könnte.

Was erfahren wir weiter über unsere beiden Professoren? Halten wir uns an die Reihenfolge, in der uns die Informationen angereicht werden:

Beide sind 40 Jahre alt. Philip Swallow, der bislang selten geflogen ist, hat gerade dankbar und etwas verkrampft ein Glas Orangensaft von der Stewardess entgegengenommen. Für Morris Zapp ist das Fliegen so selbstverständlich, dass es ihn langweilt. Er ist missgestimmt, weil sein Plastikbecher mit Whisky zu wenig Eis enthält, und kaut auf seiner ausgelöschten (!) Zigarre (!) herum. (Wer an psychoanalytischen Interpretationen Gefallen findet und die Zigarre als Penissymbol deutet, mag Spekulationen darüber anstellen, ob mit Zapps Potenz alles in Ordnung ist. Das ist nicht völlig falsch: man kann ein oder zwei Belegstellen in späteren Kapiteln dafür anführen, mit Zigarre und ohne Zigarre, aber insgesamt verläuft diese Spur eher im Sande – und außerdem erfährt der Leser im Laufe des Romans auf viel deutlichere und vergnüglichere Weise alles, was es über Zapps Sexualität zu berichten gibt.)

Bis hierher stützt sich die Charakterisierung der Figuren lediglich auf das, was man von außen beobachten kann. Danach aber greift der Erzähler ein und teilt uns ohne Umschweife wichtige Details über die Gedanken und Gefühle der beiden Männer mit.

Philip Swallow hat wenig Selbstvertrauen, ist leicht beeinflussbar und möchte auf andere Menschen gern einen guten Eindruck machen (S. 10, zweiter Absatz). Morris Zapp – der sich bei der für ihn ungewohnten Vorführung der aufblasbaren Schwimmweste nicht so recht wohl fühlt, weil er bislang noch nie über den Atlantik geflogen ist und außerdem nicht schwimmen kann – ist jemand, der andere Menschen in Schach zu halten pflegt, indem er sie so lange durchdringend anschaut, bis sie klein beigeben, und der sich niemals entschuldigt: auch jetzt nicht, als er auf der verstohlenen Suche nach der angeblich unter dem Sitz befindlichen Schwimmweste aus Versehen mit seinem Arm das Bein seiner Nachbarin ergreift (S. 12, erster Absatz).

Obwohl dieser erste Eindruck vielleicht etwas negativ ist, so hat doch der Leser im Folgenden auf ein paar hundert Seiten Zeit, um Morris Zapp besser kennenzulernen und zu merken, dass er keineswegs immer unsympathisch ist – im Gegenteil.

Auch Philip Swallow entwickelt sich später noch – in einem Maße, das ihn selbst überrascht.

Thema

„Thema" ist nicht das Gleiche wie „Handlung". Zum Zusammenfassen der Handlung eines Werkes braucht man unter Umständen mehrere Seiten, während sich das Thema in wenigen Sätzen, manchmal sogar in ein oder zwei Wörtern angeben lässt. Oft genügt schon der Titel, um das Thema zu erkennen: *Great Expectations* (Roman von Charles Dickens), *Pride and Prejudice* (Roman von Jane Austen), *Manhood* (Kurzgeschichte von John Wain).

Auch bei *Changing Places* lässt schon der Titel das Thema erkennen, obwohl das Wort „places" mit Absicht mehrdeutig ist: die beiden Professoren tauschen für ein halbes Jahr ihre „Stellen" (an der Universität), womit natürlich auch der Wechsel des geografischen „Ortes" verbunden ist. Letztendlich wird aber natürlich noch viel mehr getauscht. Deutlicher zeichnet sich das Thema ab, wenn wir den phantasievollen Vergleich auf S. 8 heranziehen, mit dem der Erzähler in poetischer Verdichtung gewissermaßen eine Inhaltsangabe des ganzen Romans vorweg liefert.

Der Leser wird aufgefordert, sich vorzustellen, dass jeder der beiden Helden mit einer unendlich dehnbaren Nabelschnur aus Gefühlen, Haltungen und Wertvorstellungen an sein Land, seinen Arbeitsplatz und seinen häuslichen Herd gefesselt ist und dass die Piloten der beiden Boeings durch eine Reihe von spielerischen Flugkunststücken diese Nabelschnüre so unentwirrbar miteinander verknüpfen, dass alles, was Philip Swallow und Morris Zapp von nun an tun und erleben, sich dem Austauschpartner gleichsam als Vibration irgendwie mitteilt, ihn beeinflusst und dann wieder zurückvibriert.

Diese spiegelbildliche gegenseitige Beeinflussung – die nicht nur flüchtige Gedanken und Gefühle betrifft, sondern sich ganz konkret in Erlebnissen, praktischen Entscheidungen und Handlungen niederschlägt – ist das Hauptthema von *Changing Places*. Zusätzlich gibt es natürlich eine Fülle von Unterthemen.

Hintergrund (Ort und Zeit)

Es versteht sich von selbst, dass die beiden Flugzeuge, in denen Philip Swallow und Morris Zapp über dem Nordpol aneinander vorbeirasen, nicht die eigentlichen Handlungsorte sind. Das sind vielmehr die Universitätsstädte „Rummidge" (in England) und „Plotinus" (in den USA, in dem fiktiven, zwischen Nord- und Südkalifornien liegenden Staat „Euphoria"). Nähere Einzelheiten über diese Orte erfahren wir auf den ersten fünf Seiten des Romans noch nicht. Der Absatz, der ganz unten auf Seite 12 beginnt und insofern eigentlich nicht mehr zum eingangs definierten Romananfang gehört, enthält jedoch schon einen kleinen Hinweis:

Die kalifornische Universität, um die es geht, die „State University of Euphoria", wird von den Studenten und den Einwohnern der Stadt „Euphoric State" genannt – und wer das Fremdwort „euphoric" (im Deutschen: „euphorisch") nachgeschlagen hat und sich auch der Doppelbedeutung von „state" (Staat/Zustand) bewusst ist, versteht, dass Philip Swallow sich auf dem Wege zu einem „Zustand des gesteigerten Wohlbefindens", einem „Zustand der Glückseligkeit" befindet.

Wenige Seiten vor dem Ende des Romans wird das Flugzeug-Motiv noch einmal aufgegriffen: Wieder rasen die beiden Professoren in zwei Flugzeugen aufeinander zu – beinahe mit fatalen Folgen. Aber das kann der Leser zur Zeit natürlich noch nicht wissen.

Der Ort „Flugzeug" hat also größere Bedeutung, als man zunächst vermuten könnte. Nicht nur wegen der eben erwähnten Motivwiederholung, sondern natürlich auch deshalb, weil sich der Erzähler auf diese Weise die Möglichkeit geschaffen hat, den „Nabelschnur-Vergleich" (s. o.) einzuführen, mit dem das Thema des Romans umrissen wird.

Zur **Zeit** der Handlung bekommen wir gleich in der allerersten Zeile eine genaue Information: der Flug findet „on the first day of 1969" statt.

Wichtige Schlagworte, die man mit diesen Jahren in Verbindung bringt, weisen auf weitere Themen des Romans voraus: Anfänge des Feminismus, Studentenunruhen, Blumenkinder, sexuelle Freizügigkeit (ohne Angst vor AIDS).

Beginn der Handlung
Der Erzähler teilt dem Leser gleich am Anfang die Ausgangstatsache der Haupthandlung mit: die beiden Professoren wollen für ein halbes Jahr ihre Stellen tauschen (S. 7, Zeile 9 ff.).

In der Mitte der nächsten Seite wird deutlich, dass es nicht nur um berufliche Dinge, sondern auch um persönliche Erfahrungen und ums Vergnügen gehen wird ("… when the two men alight in each other's territory, and go about their business and pleasure …").

Diese beiden Haupthandlungsstränge können sich erst nach der Landung der Flugzeuge entfalten und sollen deshalb hier nicht weiter untersucht werden. Aber eine interessante Nebenhandlung beginnt bereits im Flugzeug: Morris Zapps Sitznachbarin, "a blonde with outsize spectacles", der er bei der Suche nach der Schwimmweste aus Versehen ans Bein gefasst hat, wird später eine wichtige Rolle spielen. Dies kann der Leser jedoch noch nicht ahnen, denn der Erzähler verzichtet hier auf jegliche Vorausdeutung.

Spannung

Auf den ersten Seiten von *Changing Places* wird durchaus Spannung erzeugt – zwar nicht jene knisternde oder unheimliche Spannung, die manchmal am Anfang eines Abenteuerromans oder Kriminalromans aufgebaut wird, sondern eine freundlich-erwartungsvolle Spannung, die man vielleicht treffender als Vorfreude bezeichnen sollte.

Zwei bislang noch nicht genannte Einzelheiten, die zu dieser Spannung beitragen, sollen ergänzt werden.

Da ist zum einen das Motiv „Angst vorm Fliegen", mit dem hier ausgiebig gespielt wird. Sowohl Philip Swallow als auch Morris Zapp fühlen sich nicht ganz wohl in ihrer Haut. Swallow wird sich plötzlich der Tatsache bewusst "that he is [...] entrusting his life to a machine, [...] fallible and subject to decay" (S. 10/ Z. 2 f.) und auch Zapp ist nicht ganz unbesorgt: "It has not escaped his notice that airplanes occasionally crash" (S. 10/ Z. 19 f.), und er fragt sich, ob sein Name demnächst in der Fernsehsendung „Air Disaster of the Week" genannt werden wird (S. 10/Z. 27).

Diese kleinen Ängste wären noch nichts Besonderes. Interessant ist jedoch die Art, wie der Erzähler damit spielt. Durch die wilden, komischen Übertreibungen in Morris Zapps Katastrophenphantasie (S. 10/11) wird der Leser zum Lachen gebracht und spürt, dass den beiden Helden keine wirkliche Gefahr droht. Er kann sich schmunzelnd in Zapp hineinversetzen und seine „Angstlust" genießen – etwa so, wie wenn er auf dem Jahrmarkt in der Achterbahn fährt.

Eine ganz andere Art Spannung wird gegen Ende der Seite 12 erzeugt. Morris Zapp hat das unbestimmte Gefühl, dass mit diesem Flug irgendetwas nicht stimmt (S. 12/ Z. 26 f.) – "something he hasn't figured out yet."

Er hat völlig recht – aber der Leser muss noch etliche Seiten warten, bis er erfährt, was hier so merkwürdig ist!

Der Erzähler
Dass es sich um einen allwissenden Erzähler handelt, der nicht nur beschreiben kann, was seine beiden kilometerweit voneinander entfernten Hauptfiguren gerade tun, sondern der auch Einblick in ihre Gedanken und Gefühle hat, haben wir schon gesehen. Er macht aber nicht nur einfach Gebrauch von diesen Fähigkeiten, sondern kommentiert sie in spielerisch-selbstironischer Weise. Er spricht von sich selbst als "the narrator of this duplex chronicle" (S. 7/Z. 28) und amüsiert sich, zusammen mit dem Leser, den er direkt anspricht ("Imagine, if you will, that ...", S. 8/Z. 1), über die "privileged narrative altitude (higher than that of any jet)", die er für sich reserviert hat (S. 8 unten). Mit seiner pseudo-göttlichen Allmacht spielend, kündigt er dem Leser unten auf S. 12 sogar an, was er als nächstes vorhat: "While Morris Zapp is working on this problem, we shall take time out to explain something of the circumstances that have brought him and Philip Swallow into the polar skies ..."

Was für einen Eindruck bekommt der Leser von diesem Erzähler?

Er weiß genau, was er tut, und hat offensichtlich Freude an seinem Handwerk – nicht nur an erzähltechnischen Kunstgriffen, sondern auch am geschliffenen Umgang mit der Sprache (siehe das Kapitel „Sprache"). Sein Wortschatz umfasst die unterschiedlichsten Sprachebenen: umgangssprachlich-vulgär ("under his **ass**", S. 12/Z. 17; "all women longed to be **screwed** by a god", S. 12/Z. 22), hochgebildet ("a **mimetic** man", S. 10/Z. 13;

"**palimpsest**", S. 11/Z. 23; "**minuscule cube**", S. 12/Z. 29) und sogar biblisch ("thus **spake** Zapp", S. 12/Z. 24). Er erzählt mit Witz und Humor. Er genießt zuweilen auch Wortspiele und wilde Übertreibungen (vgl. S. 11/12!), aber er übergießt seine Figuren trotz ihrer kleinen Schwächen nicht mit beißendem Spott. Seine Ironie ist nicht verletzend. Er ist freundlich, und wir spüren, dass wir uns ihm anvertrauen können.

Wer schreibt denn schon noch Briefromane?
(Brief Hilarys an Philip, S. 128–130)

Hilary beginnt ihren Brief mit der Anrede „Dearest" – deutlich liebevoller also als das konventionelle „Dear Morris" in Désirées Briefen. Bei diesem Vergleich soll das abschließende "Love from all of us here" gleich mit einbezogen werden: Désirée macht nämlich in i h r e n Briefen unmissverständlich deutlich, dass Morris von ihr keine Liebe mehr zu erwarten hat: "They (= the children) send you their love. It would be hypocritical of me to do the same." (S. 122).

Nach dem "Many thanks for your long and interesting letter" kommt allerdings gleich ein Vorwurf – "What a pity that you had to write those words in it." Hier spielt sie, wie an anderer Stelle schon erwähnt, auf die four-letter words an, die Philip bei der Beschreibung seiner ersten Begegnung mit Désirée zitierte. Der Leser fühlt sich durch Hilarys Befremden wieder daran erinnert, dass Morris Zapp bei seiner ersten Begegnung mit ihr den Eindruck hatte, sie sei „uptight" (S. 87). Durch ihre etwas herablassend wirkenden Worte "Rather thoughtless of you, dear, wasn't it ..." (S. 128) scheint sie eher die Rolle einer erziehenden Mutter denn einer Ehefrau einzunehmen. Dass sie Wert auf gute Manieren legt, zeigt sich auch weiter unten in ihrem Brief, als sie sich kritisch über Morris' Tischsitten äußert: "His table manners left something to be desired." Zunächst erfährt der Leser jedoch, dass Hilary eine neue Waschmaschine gekauft hat, weil die alte endgültig zusammengebrochen war. Dies ist keineswegs nur ein unwichtiges Detail. Hier wird nämlich ein Motiv angespielt –

leise noch, mit wenigen Tönen –, das später laut und unmissverständlich erneut erklingen wird: dass nämlich Hilary auf ein Fehlverhalten Philips mit einer eigenen Entscheidung reagiert, einem Kaufentschluss, und sich dabei ein Stückchen emanzipiert. Das „Fehlverhalten" ist in diesem Fall noch harmlos (Philip hatte in seinen Briefen auf Hilarys Berichte vom nahenden Ende der Waschmaschine überhaupt nicht reagiert), und der Kauf kostet zwar einiges Geld, ist aber letztlich finanziell unproblematisch. Später ist beides eine Nummer größer: wie an anderer Stelle schon erwähnt, reagiert Hilary auf Philips Fremdgehen damit, dass sie – auf Ratenzahlung – eine Zentralheizung im Haus installieren lässt, mit der kaum zu widerlegenden Begründung "If he can't wait for sex till he gets home, why should I wait for central heating?" (S. 150).

Im vorliegenden Brief schließt sich nun Hilarys Bericht über den erstaunlichen Besuch Zapps an, der das nun doch gefundene Buch *Let's Write a Novel* vorbeibringen wollte. Ins Wohnzimmer konnte sie ihn nicht bitten, weil es dort eiskalt war: man mag hierin einen weiteren Vorläufer des „central heating"-Motivs sehen, vielleicht aber auch einen versteckten symbolischen Hinweis auf Hilarys Bedürfnis nach menschlicher Wärme. Also wurde Morris schließlich doch zum Abendessen eingeladen und blieb, zum Vergnügen der Kinder und zur Verzweiflung Hilarys, sehr lange. Sein Verhalten wird – mit amüsanten Übertreibungen – anschaulich beschrieben. In ihrer Abneigung gegen plötzliche Gäste (vor allem eines männlichen Gastes), und in ihrer Kritik an Morris' unbekümmertem Benehmen, zeigt sich Hilary als steife, gehemmte, konservative Frau der englischen Mittelschicht. Morris hingegen verkörpert auch an dieser Stelle eher das Klischee des lockeren und kontaktfreudigen Amerikaners.

Plötzlich jedoch ändert sich alles: nach einem Gang zur Toilette kommt Morris in finsterer Stimmung, schon in Hut und Mantel, zurück, verabschiedet sich mit dem absoluten Minimum an Höflichkeit und Dankbarkeit und will wegfahren. Hilary muss ihm helfen, sein Auto anzuschieben, weil seine Reifen nicht greifen. Sie fällt dabei in den Schneematsch, aber Morris nimmt keine Notiz davon. Wen wundert es, dass Hilary schreibt, "If Mrs Zapp wants to divorce him she has my sympathy."

Indem der Leser zunächst nur erfährt, was Hilary beschreibt, wird er in Spannung gehalten: erst einige Seiten später erfährt er, was der Grund für Morris' befremdenden Stimmungsumschwung war. Im Badezimmer der Swallows hatte er ein Buch mit handschriftlichen Anmerkungen gefunden, das ihn davon überzeugte, Philip Swallow müsse damals jene vernichtende, bösartige Besprechung seines Werkes geschrieben haben, über die er sich so aufgeregt hatte (S. 126f.; S. 134). Erst viel später wird ihm klar, dass nicht Philip, sondern Gordon Masters der Verfasser war (S. 232). Indem Lodge diese erste längere Begegnung von Hilary und Morris damit enden lässt, dass beide den denkbar schlechtesten Eindruck voneinander haben, kommt das spätere Verhältnis der beiden für den Leser umso überraschender und die Spannung bleibt erhalten.

Der nächste Absatz befasst sich mit dem Motiv der Beförderung. Alles deutet darauf hin, dass Robin Dempsey – und nicht Philip – die „senior lectureship" bekommen wird. Das ist, wenn man so will, bereits die dritte – spannungsfördernde – Irreführung des Lesers in diesem Brief:

- Die negative Einstellung Hilarys gegenüber Morris wird sich sehr ändern.
- Nicht Philip Swallow war der ‚Bösewicht', der die verletzende Besprechung geschrieben hat, sondern Gordon Masters.
- Philip wird am Ende vor Robin Dempsey befördert (S. 231).

Die amüsanteste „falsche Aussage" aber kommt im letzten Satz des Briefes. Hier finden wir eine der drei[10] wichtigen Stellen, an denen der Erzähler mit Zitaten aus dem komischen alten Leitfaden *Let's Write a Novel* spielt[11] und sie (in ironischer Verfremdung) einen Einfluss auf die Struktur von *Changing Places* nehmen lässt: Hilary hat in dem „funny little book" über die Kunst des Romanschreibens geblättert und kommentiert: "There's a whole chapter on how to write an epistolary novel, but surely nobody's done that since the eighteenth century?" Und wo steht dieser Satz? Ausgerechnet in jenem Teil des Romans, der aus lauter Briefen besteht!

"All's Well That Ends Well" – oder "The worst kind of story is the story that has no ending at all?"
Der letzte Tag (S. 244–251)

Philip und Morris, Désirée und Hilary sitzen im Frühstücksraum des Hotels in New York. Was ist – im Kapitel *Ending* – dieser Szene schon vorausgegangen? Ein Beinahe-Flugzeugzusammenstoß am Vortage, die erste Begegnung der beiden Frauen, die sich vorher nicht kannten, und der beiden Männer. Eine merkwürdige Nacht, deren erste Hälfte Morris und Philip im blauen und Hilary und Désirée im rosa Hotelzimmer verbrachten, und deren zweite Hälfte erheblich lebhafter verlief – mit Philip und Hilary im blauen und Morris und Désirée im rosa Zimmer. Geklärt ist nichts – trotz des mitternächtlichen Zimmerwechsels und der zeitweiligen „Wiedervereinigung" der Ehepartner. Die „Gipfelkonferenz", die Désirée am Telefon angeregt hatte und zu der man eigentlich hierher gereist ist, hat noch immer nicht stattgefunden.

Hilary ist diejenige, die nun zumindest den Versuch macht, nicht eine Stadtbesichtigung zu planen oder vom Wetter zu reden, sondern endlich zur Sache zu kommen: "Shouldn't we have a serious talk?" Ihre Wandlung zu einer emanzipierten Frau zeigt sich darin, dass sie Morris, der verschiedene Optionen auflistet, darauf hinweist, dass er eine Alternative vergessen hat: "Have you considered the possibility that Désirée and I might divorce you two and *not* remarry?"

Sie hat es jedoch schwer, ein ernsthaftes Gespräch in Gang zu bringen und wirft den Männern schließlich vor: "You sound like a couple of scriptwriters discussing how to wind up a play": wieder eine ironische Verfremdung, durch die der Leser an die äußere Form des Kapitels (Drehbuch) erinnert wird. Schließlich wird das Gespräch jedoch so komisch, dass selbst Hilary angesteckt wird und lachen muss, und ihre Frage "But can't we be serious for a moment? Where is all this going to end?" bleibt unbeantwortet – sie wird, zugunsten eines langen Einkaufsbummels, einstweilen beiseitegeschoben. Auch am Nachmittag, in der allerletzten Szene des Romans, wird sie nicht wieder aufgegriffen – geschweige denn beantwortet.

Natürlich möchte der Leser nun erfahren, für welche der genannten „options" (S. 244–246) sich die Charaktere entscheiden: Rückkehr in die „alte" Ehe? Scheidung und neue Heirat, überkreuz? Freies Zusammenleben unter einem Dach? Nichts von alledem?

Aber David Lodge tut dem Leser diesen Gefallen nicht. Nicht umsonst ist das Kapitel *Ending* als Filmdrehbuch angelegt. Der Verzicht auf einen Erzähler, der Einblick in die Gedanken und Gefühle der Figuren hat, befreit den Verfasser von der Notwendigkeit, die eine oder andere Seite merklich zu bevorzugen:

"I adopted a scenario form at the end to avoid declaring an authorial preference for one position out of several being presented in the text." Und damit muss sich der Leser trotz aller Neugier zufriedengeben.[12]

Wovon handeln dann aber die letzten fünfeinhalb Seiten? Was geschieht?

Die Vier sehen fern und unterhalten sich, und es g e s c h i e h t eigentlich gar nichts. Dennoch ist es interessant und lohnend, einen Blick auf die drei Motive zu werfen, mit denen hier zum Abschluss gespielt wird: "The big March at Plotinus" (S. 246–249), "The distinction between private and public life" (S. 249/250) und "The ending of a novel and the ending of a film" (S. 250/251).

Aus Plotinus wird im Fernsehen die große Protestdemonstration übertragen. Einige Figuren, die wir im Laufe des Romans kennen gelernt haben, werden noch einmal kurz „sichtbar": Charles Boon, Melanie ("She's very pretty", sagt Hilary, und man kann sich denken, was ihr dabei durch den Kopf geht ...), ihre ehemaligen Wohnungsgenossinnen Carol und Deirdre, und natürlich auch der politisch aktive Wily Smith. Man fühlt sich an ältere Romane erinnert, in denen der Leser am Ende vom Erzähler mitgeteilt bekommt, was aus dieser und jener Figur geworden ist[13]. Der Unterschied liegt darin, dass wir hier am Ende von *Changing Places* nur ein Bild sehen und keine wirklichen Informationen bekommen. Wichtig ist, dass der Marsch erstaunlicherweise völlig friedlich verläuft – "A lot of people feared blood would run in the streets of Plotinus today, but so far the vibrations are good", sagt der Fernsehkommentator. Man kann nicht umhin, eine Parallele zu der privaten Ebene der Haupthandlung zu sehen. Auch dort hatte sich genug Explosivstoff angesammelt; aber es gibt trotzdem keinen „Knall" am Ende. Der Verfasser hat dafür gesorgt, dass Lachen (oder Lächeln) bis zuletzt erlaubt ist.

Der Unterschied zwischen „private life" und „public issues" veranlasst Philip zu einem längeren, etwas nostalgischen Exkurs: er sieht den „generation gap" nicht zuletzt darin begründet, dass die jüngere Generation diesen Unterschied nicht empfindet:

"Those young people really care about the garden. It's like a love affair for them […] I could never feel like that about any public issue […] We're private people, aren't we, our generation? We make a clear distinction between private and public life; and the important things, the things that make us happy or unhappy are private …"

In diesem Zusammenhang fällt zudem ein Satz, der literaturwissenschaftlich interessant ist. Philip vermutet, dass der Roman eine zum Sterben verurteilte Gattung sei, eben weil die jungen Leute nicht mehr zwischen öffentlichem und privatem Bereich unterscheiden, weil sie kein Verhältnis mehr zu der "old liberal doctrine of the inviolate self" haben, auf der die Tradition des realistischen Romans beruhe:

"It's the great tradition of realistic fiction, it's what novels are all about. The private life in the foreground, history a distant rumble of gunfire, somewhere offstage. In Jane Austen not even a rumble. Well, the novel is dying, and us with it. [...] Those kids are living a film, not a novel."[14]

Auch die Thematik der Literaturkritik wird auf diesen letzten Seiten nochmals aufgegriffen. Wenn sich Morris und Philip über „the paradigms of fiction", „the structural level" und „Historicism" unterhalten, so greift Lodge hier gängige Termini der Literaturwissenschaft auf und verweist auf zwei spezielle Richtungen der Literaturkritik: den Strukturalismus, der in den 60er/70er Jahren in der Literaturwissenschaft eine bedeutende Stellung hatte und die historische Literaturkritik, deren Vertreter sich darum bemühten, ein Werk immer im Zusammenhang mit seiner geschichtlichen Entstehung zu deuten.

Das letzte Motiv greift Philips Aussage "Those kids are living a film ..." wieder auf. Wenn man – so heißt es jedenfalls bei Jane Austen, die sowohl Philip als auch Morris in- und auswendig kennen – einen Roman liest, so merkt man an der immer kleiner werdenden Zahl der noch zu lesenden Seiten, dass man aufs Ende zusteuert. Im Film sei das nicht so, doziert Philip und erklärt: "The film is going along, [...], and at any point the director chooses, without warning, without anything being resolved, or explained, or wound up, it can just... end." Von eben diesem Schicksal wird er selbst nun ereilt (und wir, die Leser, mit ihm): "The camera stops, freezing him in mid-gesture."

Lodge hat auf diese Weise zweierlei erreicht: zum einen muss er selbst keine Entscheidung über das weitere Leben seiner Romanfiguren treffen. Zum anderen verfolgt er hier wiederum seine Verfremdungstechnik: er lässt seine Figuren über genau das reden, was gleich darauf passieren wird. Er selbst ist der „director", von dem Philip spricht, und er stellt seine Allmacht unter Beweis, indem er das Buch mitten im Gespräch aufhören lässt. Gleichzeitig widerlegt er auf diese Weise natürlich Philips These, dass ein solches Ende nur im Film möglich ist. Der Leser wiederum wird durch das abrupte Ende und die Verweise auf Literatur und Film angeregt, selbst über die Unterschiede und das Wesen dieser Medien nachzudenken.

Literaturhinweise

Wer den Roman nicht nur lesen, sondern auch (hervorragend vorgelesen!) hören möchte, kann sich die (leider ziemlich teuren) Audiokassetten kaufen:
LODGE, DAVID: *"Changing Places" on 8 cassettes (complete and unabridged)*, read by Paul Shelley. Sterling Audio: Bath (England) o. J., ISBN 0-7451-2714-2

Wer neugierig ist, was wohl zehn Jahre später aus Philip Swallow, Morris Zapp und den anderen Figuren geworden ist, sollte unbedingt den (allerdings erzähltechnisch ganz anders angelegten) „Fortsetzungsroman" lesen:
LODGE, DAVID: *Small World*. Penguin, London 1997, 3. Auflage

Auch in dem Roman *Nice Work* kommen einige der uns bekannten Figuren noch einmal vor, wenn auch eher am Rande. Alle drei Romane zusammen in einem Band – also *Changing Places*, *Small World* und *Nice Work* – gibt es in einer preiswerten Taschenbuchausgabe:
LODGE, DAVID: *Trilogy*. Penguin: London 1995

Changing Places gibt es natürlich auch in deutscher Übersetzung:
LODGE, DAVID: *Ortswechsel / Ein satirischer Roman*. Ullstein-Taschenbuch Nr. 23608: Berlin 1997, 3. Auflage

Wer sich ernsthaft mit dem Roman als literarische Gattung befassen und die romantypischen erzähltechnischen Mittel im Detail studieren möchte, kommt an den folgenden drei „Oldies" nicht vorbei:
KAYSER, WOLFGANG: *Entstehung und Krise des modernen Romans*. J. B. Metzlersche Verlagsbuchhandlung: Stuttgart 1955, 2. Auflage

LÄMMERT, EBERHARD: *Bauformen des Erzählens.* J.B. Metzlersche Verlagsbuchhandlung: Stuttgart 1955
STANZEL, FRANZ K.: *Typische Formen des Romans.* Vandenhoeck & Ruprecht: Göttingen 1970, 5. Auflage

Was David Lodge selbst über das Romanschreiben, über Erzähltechniken und über eine Reihe von bekannten Romanen zu sagen hat, kann man hauptsächlich in den folgenden beiden Bänden nachlesen:
LODGE, DAVID: *The Practice of Writing.* Secker & Warburg: London 1996
LODGE, DAVID: *The Art of Fiction: Illustrated from Classic and Modern Texts.* London 1994

Abschließend ein Hinweis für Leser, denen daran gelegen ist, auf vergnügliche Weise weitere Informationen über die Unterschiede zwischen England und Amerika zu bekommen – nicht in Romanform, sondern in Form eines (wenn auch nicht hundertprozentig ernstgemeinten) Sachbuches:
WALMSLEY, JANE: *Brit-Think/Ameri-Think. A Transatlantic Survival Guide (with cartoons by Gray Jolliffe).* Harrap: London 1986

Anmerkungen

1 Man könnte hier z. B. an die reißerischen Romane gewisser Bestseller-Produzenten denken, deren Erfolg entweder darauf beruht, dass sie ein bewährtes Rezept in ständig neuen Variationen immer wieder verwenden, oder darauf, dass sie dem Leser das Gruseln beibringen.
Gegen die geschickte Spannungserzeugung in diesen Büchern ist nichts einzuwenden, aber es wird kaum jemanden geben, der einen solchen Roman zum zweiten Mal liest – und es steckt durchaus mehr als nur ein Körnchen Wahrheit in dem alten Sprichwort „Ein Buch, das nicht zweimal lesenswert war, ist auch nicht einmal lesenswert gewesen"!

2 *Changing Places* wurde mit dem „Hawthornden Prize" und dem „Yorkshire Post Fiction Prize" ausgezeichnet. Der Roman wurde ins Französische, Deutsche, Italienische, Spanische, Katalanische, Portugiesische, Hebräische, Griechische, Japanische, Polnische, Tschechische, Chinesische, Brasilianische und Ungarische übersetzt.

3 Im Gegensatz zu Philip Swallow, dem Helden des Romans *Changing Places*, nahm Lodge aber Frau und Kinder mit nach Amerika.

4 Die im Roman verwendeten Ortsnamen sind erfunden; sie sind aber leicht zu entschlüsseln. „Euphoria" ist ein fiktiver kleiner Staat, der zwischen Nord- und Südkalifornien liegt und nur die Gegend um San Francisco herum umfasst. Berkeley heißt im Roman „Plotinus", und „Esseph" (ausgesprochen wie „S. F.") ist natürlich San Francisco. „Rummidge" (in England) entspricht Birmingham.

5 Der Untertitel des Romans, *A Tale of Two Campuses*, ist eine Anspielung auf den Titel eines Romans von Charles Dickens, *A Tale of Two Cities*, dessen Handlung in Paris und London zur Zeit der Französischen Revolution(!) spielt.

6 David Lodge greift hier, neben den Studentenunruhen, ein weiteres wichtiges zeitgenössisches Thema auf:

Die Frauenbewegung, deren Wurzeln bis ins Zeitalter der Aufklärung im 18. Jahrhundert zurückreichen (wichtiges Werk: *A Vindication of the Rights of Woman* der Engländerin Mary Wollstonecraft, 1792), gewann im Zuge der industriellen Revolution des 19. Jahrhunderts mehr und mehr an Bedeutung.

Nachdem die Feministinnen nach langen Auseinandersetzungen und vielen Rückschlägen erste wichtige Ziele errungen hatten (das Recht der Ehefrauen auf privates Eigentum; Wahlrecht für Frauen; gleichwertige Erziehung und Ausbildung für Mädchen, Zugang zu bisher Männern vorbehaltenen Berufen), konzentrierten sie sich allmählich auf andere Fragen: soziale und ökonomische Gleichbehandlung am Arbeitsplatz, Einrichtung kostenloser Kindertagesstätten, stärkerer Einfluss in Politik und Gesellschaft, Schutz vor sexueller Belästigung, Recht auf Empfängnisverhütung und Abtreibung, Abwehr geschlechtsbezogener Rollenstereotype. In den 60er Jahren des 20. Jahrhunderts hatte die „Women's Lib"-Bewegung in den USA großen Zuwachs. Frauen schlossen sich dem „Civil Rights Movement" an und versuchten, im Zuge dieser umfassenden Bewegung auch ihre speziellen Belange zu vertreten. Das Buch *The Feminine Mystique* der Amerikanerin Betty Friedan, erschienen 1963, setzte sich kritisch mit der traditionellen Rolle der Frau als Hausfrau und Mutter auseinander und hatte großen Erfolg. Im Jahre 1966 gründeten Betty Friedan und andere Feministinnen die NOW („National Organization for Women"), die beträchtlichen Einfluss gewann.

7   Die Ausrufezeichen stehen so *nicht* im Roman.
8   Besonders in *The Picturegoers*, *The British Museum is Falling Down*, *How Far Can You Go?*, *Paradise News* und *Therapy*. – David Lodge war katholisch erzogen worden, wenn auch nicht sehr streng: "My maternal grandmother was Belgian, and Catholic like her husband. My mother was therefore a Catholic, and as my father has no particular religious

affiliation I was brought up and educated as a Catholic." (*The Practice of Writing*, S. 125).
Besonders in seinen frühen Romanen setzte er sich häufig mit bestimmten Lehrsätzen der katholischen Kirche auseinander. Seine Bindung an den katholischen Glauben lockerte sich allmählich. In späteren Jahren bezeichnete er sich selbst – in Parallele zu Graham Greene – als „a Catholic agnostic" (a. a. O. S. 76). Im Gegensatz zu Stephen Dedalus, dem Helden des Romans *A Portrait of the Artist as a Young Man* von James Joyce, auf den Lodge sich mehrfach bezieht, war es für ihn aber nicht nötig, einen dramatischen Bruch mit der Kirche zu vollziehen: "Like Stephen Dedalus, I grew up to despise the philistinism and repressiveness of Anglo-Irish Catholicism – but unlike him I did not feel it necessary to renounce my religious allegiance, as he did ..." (a. a. O. S. 127).

9 Vgl. z. B. Lämmert, S. 139–192
10 Die anderen beiden Stellen betreffen den Rat jenes Herrn Beamish, man solle „flashbacks", wenn überhaupt, dann nur ganz sparsam verwenden, und seine Behauptung, eine Geschichte, die kein richtiges Ende habe, sei die schlechteste Art von Geschichte überhaupt. "The worst kind is the story that has no ending at all" (vgl. die Seiten 59 und 75 ff. in dieser Interpretation bzw. S. 186 und S. 88 in *Changing Places*).
11 Dahinter steckt mehr als nur ein cleverer Trick, der den Leser amüsiert. David Lodge findet es falsch, Schriftstellern vorzuschreiben, wie sie zu schreiben haben: "Nothing, it seems to me, is more futile or arrogant than for critics to tell novelists what they should write about or how they should write about it or what it is no longer possible to write." *(The Practice of Writing,* S. 4).
12 Soviel sei jedoch verraten: In dem Roman *Small World* treffen wir die gleichen Figuren wieder – zehn Jahre später.
13 Vgl. z. B. das Ende von Charles Dickens' Roman *David Copperfield*.

14 Mit diesem – hier eher spielerisch angedeuteten – Problem hat David Lodge sich an anderer Stelle wissenschaftlich auseinandergesetzt, und (zum Glück, möchte man sagen) ist er keineswegs der Ansicht, dass die Tage des traditionellen, realistischen Romans gezählt seien. Vgl. *The Practice of Writing*, S. 6.

Ihre Meinung ist uns wichtig!

Ihre Anregungen sind uns immer willkommen.
Bitte informieren Sie uns mit diesem Schein über Ihre
Verbesserungsvorschläge!

Titel-Nr.	Seite	Fehler, Vorschlag

Bitte hier abtrennen

9-V1P

Bitte ausfüllen und im frankierten Umschlag an uns einsenden. Für Fensterkuverts geeignet.

Zutreffendes bitte ankreuzen! Die Absenderin/der Absender ist:

- ☐ Lehrer/in
- ☐ Fachbetreuer/in
  - Fächer:
- ☐ Seminarlehrer/in
  - Fächer:
- ☐ Regierungsfachberater/in
  - Fächer:
- ☐ Oberstufenbetreuer/in
- ☐ Schulleiter/in

- ☐ Leiter/in Lehrerbibliothek
- ☐ Leiter/in Schülerbibliothek
- ☐ Referendar/in, Termin 2. Staatsexamen:
- ☐ Sekretariat
- ☐ Schüler/in, Klasse:
- ☐ Eltern
- ☐ Sonstiges:

**STARK Verlag
Postfach 1852
85318 Freising**

Kennen Sie Ihre Kundennummer?
Bitte hier eintragen.

Absender (Bitte in Druckbuchstaben!)

Name/Vorname

Straße/Nr.

PLZ/Ort

Telefon privat   Geburtsjahr

Schule/Schulstempel (Bitte immer angeben!)

Unterrichtsfächer: (Bei Lehrkräften!)

Bitte hier abtrennen ✂

STARK Interpretations- hilfen und Trainingsbände
▶ für die Oberstufe

Deutsch Interpretationen

Deutsch – Interpretationshilfen 1
Goethe: *Faust, Iphigenie;* Schiller: *Maria Stuart, Wallenstein, Don Carlos;* Tieck: *Der blonde Eckbert;* E.T.A. Hoffmann: *Der goldne Topf;* Kleist: *Michael Kohlhaas, Prinz Friedrich von Homburg;* Eichendorff: *Aus dem Leben eines Taugenichts;* Büchner: *Woyzeck, Lenz;* Mörike: *Mozart auf der Reise nach Prag;* Fontane: *Effi Briest, Frau Jenny Treibel;* Hebbel: *Maria Magdalena;* Hauptmann: *Rose Bernd, Bahnwärter Thiel* ..... **Best.-Nr. 94407**

NEU: Deutsch – Interpretationshilfen 2
Aus dem Inhalt: Trakl: *Grodek;* Benn: *Mann und Frau gehen durch die Krebsbaracke;* Döblin: *Berlin Alexanderplatz;* Kästner: *Sachliche Romanze;* Rilke: *Der Panther;* Brecht: *Der gute Mensch von Sezuan;* Horváth: *Geschichten aus dem Wiener Wald;* Kafka: *Der Prozeß, Die Verwandlung;* H. Mann: *Der Untertan;* Th. Mann: *Der Tod in Venedig, Bekenntnisse des Hochstaplers Felix Krull;* Musil: *Die Verwirrung des Zöglings Törleß;* Seghers: *Das siebte Kreuz;* Enzensberger: *Fremder Garten;* Bachmann: *Reklame;* Böll: *Die verlorene Ehre der Katharina Blum;* Dürrenmatt: *Die Physiker;* Frisch: *Homo faber;* Grass: *Die Blechtrommel;* Walser: *Ein fliehendes Pferd;* Weiss: *Verfolgung und Ermordung Jean Paul Marats;* Brecht: *Böser Morgen;* Biermann: *Und was wir ans Ufer kamen;* Wolf: *Kassandra* .... **Best.-Nr. 94408**

Interpretationshilfen zu Einzellektüren:

Hein: Der fremde Freund/
Drachenblut .... Best.-Nr. 2400061
NEU: Schlink: Der Vorleser .... Best.-Nr. 2400101
NEU: Schneider: Schlafes Bruder .... Best.-Nr. 2400021
NEU: Eichendorff: Aus dem Leben
eines Taugenichts .... Best.-Nr. 2400071
NEU: Lessing: Nathan der Weise .... Best.-Nr. 2400501
NEU: Kafka
Die Verwandlung, Das Urteil ..Best.-Nr. 2400141
NEU: Frisch: Homo Faber .... Best.-Nr. 2400031

Ratgeber für Schüler

NEU: Richtig Lernen
Tipps und Lernstrategien
für die Oberstufe .... Best.-Nr. 10483
NEU: Referate und Facharbeiten
für die Oberstufe .... Best.-Nr. 10484

Deutsch Training

Deutsch 1 – gk/LK .... Best.-Nr. 94401
Deutsch 2 – gk/LK .... Best.-Nr. 94402
Deutsch 3 – gk/LK .... Best.-Nr. 94403
Aufsatz Oberstufe .... Best.-Nr. 84401
Deutsch Training – 11. Klasse ... Best.-Nr. 90405
Abitur-Wissen
Dt. Literaturgeschichte – gk/LK Best.-Nr. 94405
NEU: Abitur-Wissen
Lyrik, Drama, Epik – gk/LK .... Best.-Nr. 944061
NEU: Abitur-Wissen Prüfungswissen
Oberstufe – gk/LK .... Best.-Nr. 94400

Englisch Interpretationen

Englisch – Interpretationshilfen 1
Orwell: *Animal Farm;* Townsend: *Adrian Mole;* Shute: *On the Beach;* Waterhouse: *Billy Liar;* Russell: *Blood Brothers;* J. B. Priestley: *An Inspector Calls;* Steinbeck: *The Pearl;* Moore: *Lies of Silence* .... **Best.-Nr. 82455**

Englisch – Interpretationshilfen 2
Bradbury: *Fahrenheit 451;* Miller: *Death of a Salesman;* Golding: *Lord of the Flies;* Huxley: *Brave New World;* Orwell: *1984;* Shakespeare: *Macbeth;* Greene: *The Power and the Glory;* Hemingway: *The Old Man and the Sea* .... **Best.-Nr. 82456**

Interpretationshilfen zu Einzellektüren:

Shakespeare: Macbeth .... Best.-Nr. 2500011
Shakespeare:
Romeo and Juliet .... Best.-Nr. 2500041
NEU: Twain: Huckleberry Finn .... Best.-Nr. 2500021
NEU: Golding: Lord of the Flies ...... Best.-Nr. 2500051
NEU: Lodge: Changing Places .... Best.-Nr. 2500091

(Bitte blättern Sie um)

Englisch Training

Englisch – Textaufgaben zur
Landeskunde USA .... Best.-Nr. 94463
Englisch – Textaufgaben zur
Landeskunde Großbritannien .... Best.-Nr. 94461
Englisch – Textaufgaben zur
Literatur .... Best.-Nr. 94462
Englisch – Grundlagen der
Textarbeit .... Best.-Nr. 94464
Englisch – Grundfertigkeiten
des Schreibens .... Best.-Nr. 94466
Englisch – Übersetzungsübung .. Best.-Nr. 82454
Englisch – Grammatikübung ..... Best.-Nr. 82252
Englisch – Wortschatzübung ..... Best.-Nr. 82451
Englisch – Literaturgeschichte ... Best.-Nr. 94465
Englisch – Übertritt in die
Oberstufe .... Best.-Nr. 82453

Französisch Interpretationen

Französisch – Interpretationshilfen 1 Lyrik
22 Musterinterpretationen u.a. von: Ronsard, Corneille, La Fontaine, Voltaire, Hugo, Baudelaire, Verlaine, Rimbaud, Mallarmé, Valéry, Apollinaire, Aragon, Eluard **Best.-Nr. 94507**

Französisch – Interpretationshilfen 2 Prosa
Montesquieu: *Lettres Persanes*; Voltaire: *Candide*; Rousseau: *Discours sur l'Inégalité*; Stendhal: *Le Rouge et le Noir*; Balzac: *Le Père Goriot*; Hugo: *Les Misérables*; Flaubert: *Madame Bovary*; Zola: *Germinal*; Duras: *Hiroshima mon Amour*; Verne: *Le Tour du Monde en 80 Jours*; Saint-Exupéry: *Vol de Nuit*; Camus: *L'Etranger* etc. .... **Best.-Nr. 94508**

NEU: Französisch – Interpretationshilfen 3 Drama
Corneille: *Le Cid*; Molière: *Le malade imaginaire*; Racine: *Phèdre*; Beaumarchais: *Le Barbier de Séville*; Courteline: *Boubouroche*; Claudel: *Partage de Midi*; Romains: *Knock ou le triomphe de la médecine*; Pagnol: *Topaze*; Cocteau: *La machine infernale*; Giraudoux: *La guerre de Troie n'aura pas lieu*; Anouilh: *Antigone*; Montherlant: *La reine morte*; Sartre: *Les mains sales*; Beckett: *En attendant Godot*; Tardieu; *Théâtre de chambre*; Ionesco: *Les rhinocéros* .... **Best.-Nr. 94509**

Französisch Training

Textaufgaben zur
Landeskunde Frankreich .... Best.-Nr. 94501
Textaufgaben z. Literatur gk/LK Best.-Nr. 94502
Französisch – Wortschatz .... Best.-Nr. 94503
Französisch – Textarbeit .... Best.-Nr. 94504
Französisch – Wortschatzübung Best.-Nr. 94505
Französisch – Literaturgeschichte Best.-Nr. 94506

Bestellungen bitte direkt an:
Stark Verlag · Postfach 1852 · 85318 Freising · Tel. 08161/1790
FAX 08161/179 51 · Internet http://www.stark-verlag.de

Latein Training

Kurzgrammatik .... Best.-Nr. 94601
Lateinische Literaturgeschichte Best.-Nr. 94602
Wortkunde .... Best.-Nr. 94603

Geschichte Training

Geschichte 1 –gk .... Best.-Nr. 84761
Geschichte 2 – gk .... Best.-Nr. 84762
Geschichte 1 – gk K 12 BY ...... Best.-Nr. 94781
Geschichte 2 – gk K 13 BY ...... Best.-Nr. 94782
NEU: Abitur-Wissen Antike .... Best.-Nr. 94783
NEU: Abitur-Wissen Ära Bismark ... Best.-Nr. 94784
NEU: Abitur-Wissen
Imperialismus und 1. Weltkrieg Best.-Nr. 94785
Abitur-Wissen
Weimarer Republik .... Best.-Nr. 47815

Erdkunde Training

Erdkunde – Arbeitstechniken
und Methoden gk/LK .... Best.-Nr. 94901
NEU: Erdkunde Lexikon .... Best.-Nr. 94904
NEU: Abitur-Wissen
Entwicklungsländer .... Best.-Nr. 94902
NEU: Abitur-Wissen USA .... Best.-Nr. 94903

Mathematik Training

Analysis – LK .... Best.-Nr. 94002
Analysis – gk .... Best.-Nr. 94001
Analytische Geometrie
und lineare Algebra 1 – gk/LK Best.-Nr. 94005
Analytische Geometrie
und lineare Algebra 2 – gk/LK Best.-Nr. 54008
Stochastik – LK .... Best.-Nr. 94003
Stochastik – gk .... Best.-Nr. 94007
Integralrechnung – gk .... Best.-Nr. 40015
Exponential-/Logarithmusfunktionen, gebrochen-
rationale Funktionen – gk .... Best.-Nr. 40016
Wahrscheinlichkeitsrechnung
und Statistik – gk .... Best.-Nr. 40055
Analytische Geometrie – gk .... Best.-Nr. 40075
Infinitesimalrechnung 1/11. Kl. Best.-Nr. 94006
Infinitesimalrechnung 2/11. Kl. Best.-Nr. 94008
Wiederholung Algebra .... Best.-Nr. 92402

**Natürlich führen wir noch mehr
Buchtitel für alle Fächer und alle
Schularten. Bitte rufen Sie uns an.**

Telefon: 08161/1790

STARK
Damit lernen einfacher wird ... !